D1695280

Julian Grossherr

WIR
vom Jahrgang
1988

Kindheit und Jugend

Wartberg Verlag

Impressum

Bildnachweis:

Privatarchiv Familie Großherr: S. 5, 6 o./u., 7, 8 o./u., 10 l./r., 11, 12 o.l./o.r./u., 14, 16 o.l./o.r./u., 17, 18 o./u., 19 o./u., 20, 21, 22, 23 l./r., 24, 25, 26 u., 27, 28, 29 l./r., 31 o./u., 32 o./u., 36, 37, 38, 40, 47, 51, 53, 55, 60, 61 l./r., 62 l./r., 63; Archiv Dieter Großherr: S. 9 l./r., 13 l./r., 30; Privatarchiv M. Lücke: S. 35; Privatarchiv L. Michael: S. 46; KfW-Bankengruppe, Foto Rienäcker: S. 52; ullstein bild – Kömmler: S. 26 o.; ullstein bild – Gisbert Paech: S. 33; ullstein bild – Bonn-Sequenz: S. 34; ullstein bild – Reuters: S. 39; ullstein bild – AP: S. 41, 44; ullstein bild – KPA: S. 43; ullstein bild – CARO/Kaiser: S. 48; ullstein bild – ddp: S. 57; ullstein bild – Welters: S. 58;

3., überarbeitete Neuauflage 2017
Alle Rechte vorbehalten, auch die des auszugsweisen Nachdrucks und der fotomechanischen Wiedergabe.
Gestaltung und Satz: r2 | Ravenstein, Verden
Druck: Druck- und Verlagshaus Thiele & Schwarz GmbH, Kassel
Buchbinderische Verarbeitung: Buchbinderei S. R. Büge, Celle
© Wartberg-Verlag GmbH
34281 Gudensberg-Gleichen • Im Wiesental 1
Telefon: 056 03/9 30 50 • www.wartberg-verlag.de
ISBN: 978-3-8313-3088-1

Liebe **88er!**

Geboren in einem Land, das es in der Form von 1988 ein Jahr später nicht mehr geben wird, und in einer Welt, deren Ordnung im Wandel begriffen ist, sind wir mit ganz besonderen Chancen ausgestattet. Wir 1988 Geborene haben die Voraussetzungen, vorurteilsfreie, gebildete, soziale und politisch wirkende Bürger zu werden. Ist das so? Sind wir das? Und wie sind wir zu dem geworden, was wir jetzt sind? Möglicherweise nicht die treffendsten Fragen, die man einem jungen Erwachsenen stellen sollte. Warum zurückschauen? Schließlich stehen wir noch vor den wirklich großen Schritten unseres Lebens und möchten uns nicht mit vergangenen Zeiten befassen. Demütigende Zeiten, in denen wir weniger konnten, durften und wollten als heute. Harte Zeiten, in denen wir uns auf Irrwege begaben und erst durch die eine oder andere Jugendsünde eines Besseren belehrt wurden. Jedoch sollten wir diese Zeiten nicht unterschätzen. Sie können uns in der Frage, was wir heute sind, Antworten liefern. Begebt euch mit mir auf eine Zeitreise durch unsere Kindheit und Jugend! Lasst uns die großen und kleinen Dramen unseres Lebens Revue passieren! Lasst uns erinnern an die politischen und gesellschaftlichen Ereignisse, die diese Lebensabschnitte begleiteten und uns direkt und indirekt beeinflussten. Unser Leben ist eine Reise. Max Frisch sagte einmal: „Auf Reisen gleichen wir einem Film, der belichtet wird. Entwickeln wird ihn die Erinnerung."

Julian Grossherr

Der Beginn einer Reise

Wir sind viele! Wir machen Ärger!

Um genau zu sein: Wir sind 829 993, die 1988 in der alten Bundesrepublik Deutschland das Licht der Welt erblicken. Doch was sind wir? Sind wir mehr als nur ein Binnenhoch in der Geburtenentwicklung? Oder genießen wir das Privileg, erst mal nichts zu sein, keine Geschichte in uns zu tragen, auch nicht auf unseren Schultern? Ganz emanzipiert von der Vergangenheit werden wir in die Gegenwart versetzt. Hier und jetzt fängt alles an: Die Welt formt uns, wir formen sie. Mit unserer kleinen Hand greifen wir nach der großen Nase, die da über uns schwebt. Bereits diese erste Geste gibt unsere Richtung an: Es geht nach vorne! Zurückschauen können wir auch noch später. Das geteilte Deutschland werden wir aus eigener Erfahrung nie kennenlernen und es wird es damit nie in unsere Köpfe schaffen. Frei von allen Denkstrukturen über Ost

Chronik

14. April 1988
Die Sowjetunion verpflichtet sich zum Abzug ihrer Truppen aus Afghanistan.

20. August 1988
Ende des Krieges zwischen Iran und Irak.

28. August 1988
Bei einer Flugschau in Ramstein kollidieren drei Düsenjäger, 70 Menschen sterben, hunderte werden verletzt.

17. September 1988
Eröffnung der 24. Olympischen Spiele in Seoul/Südkorea. Erfolgreichste Nation wird die Sowjetunion vor der DDR und den USA.

26. März 1989
Erste freie Wahlen in der Sowjetunion.

4. Juni 1989
Die chinesische Volksbefreiungsarmee beendet gewaltsam die Studentendemonstrationen am Platz des Himmlischen Friedens in Peking.

9. Juli 1989
Doppelsieg von Boris Becker und Steffi Graf bei den Tennismeisterschaften in Wimbledon.

9. November 1989
Die DDR öffnet die Grenzen zur Bundesrepublik Deutschland und die Mauer zwischen Ost- und Westberlin.

11. Februar 1990
In Südafrika wird Nelson Mandela, Führer des Widerstands gegen das Apartheidregime, nach 27 Jahren aus dem Gefängnis entlassen.

8. Juli 1990
Die deutsche Mannschaft wird durch ein 1:0 gegen Titelverteidiger Argentinien zum dritten Mal Fußballweltmeister.

1. August 1990
Irakische Truppen besetzen den Nachbarstaat Kuwait.

3. Oktober 1990
Mit dem Beitritt der DDR zur Bundesrepublik endet die Teilung Deutschlands.

Per Kinderwagen durch die Galaxis.

und West, all den Vorurteilen und Missverständnissen des Kalten Krieges werden wir die Welt erkunden.

Für unsere Eltern sind wir ihr ganzer Stolz. In unseren großen, blauen Augen erkennen sie ein Strahlen, das ihren Tag erhellt, in unseren unbeholfenen Gesten ein lustiges Schauspiel, das man auf Video festhalten muss, und in unseren Schreien die Gewissheit, gebraucht zu werden.

Für unsere größeren Geschwister sind wir interessante Testobjekte, die sie drücken, zwicken und erkunden wie bei

1. bis 3. Lebensjahr

einem Papagei, dem man das erste Mal begegnet und ausprobiert, ob dieser sprechen kann. Und schließlich sind wir alle unterschiedlich: ruhig, lebhaft, kräftig, zierlich, laut oder leise, Schreihals oder Schlafmütze. So offenbart sich unser persönlicher Charakter schon in den ersten Lebenswochen. Und die sind für unsere Eltern besonders anstrengend. Denn: Wir machen Ärger!

Mit unseren Ansprüchen isolieren wir die jungen Eltern, für ein Leben neben uns lassen wir ihnen nämlich keinen Raum mehr. Unser ständiges Geschrei erweist sich besonders im öffentlichen Raum selten als sozial verträglich, und verzweifelt versuchen unsere Eltern mit allen Mitteln der Gesangs- und Unterhaltungskunst, dem öffentlichen Terror ein Ende zu bereiten. Auf der anderen Seite ziehen wir von allen Seiten Bewunderung auf uns, selbst wenn wir einfach nur mal glucksen, rülpsen, lachen oder anderweitige Geräusche von uns geben. Jeder in unserer Verwandtschaft möchte das Neugeborene einmal in den Armen wiegen und den zarten Griff unserer Hand spüren. Dabei kriegen die meisten plötzlich vor Entzücken eine ganz hohe Stimme. Selbst die Brummbären im Verwandten- und Bekanntenkreis steigen zu Tenören auf. Unsere ersten Wochen sind mit denen eines neuen Staatsoberhaupts zu vergleichen: Ständig begleitet von Security und Kameras leisten wir Visiten und erste Bestechungsmittel werden erprobt: Mutterbrust oder Milchpulver? Alete oder Bio vom Bauern? Jeder empfängt uns herzlich und gutmütig, auch wenn wir schon gewaltig zu stinken beginnen …

Drücken, kneifen, zwicken – für unsere älteren Geschwister taugen wir als Versuchsobjekte.

Auch wenn es manchmal Streit gibt – sind es nicht unsere Geschwister, die wir am meisten lieben?

Prominente 88er

18. Jan.	**Angelique Kerber**, deutsche Tennisspielerin und Grand-Slam-Siegerin	21. Aug.	**Jérôme Boateng**, deutscher Fußballnationalspieler
18. Feb.	**Rihanna**, R&B-Sängerin aus Barbados	24. Aug.	**Rupert Grint**, britischer Schauspieler, „Ron" in den „Harry Potter"-Filmen
29. Feb.	**Lena Gercke**, deutsches Model, Siegerin von „Germany's Next Topmodel"	8. Sept.	**Gustav Schäfer**, Schlagzeuger von „Tokio Hotel"
5. Mai	**Adele**, britische Singer-Songwriterin, Grammy-, Oscar- und Golden-Globe-Gewinnerin	3. Okt.	**Max Giesinger**, deutscher Sänger und Liedermacher
8. Aug.	**Beatrice Mountbatten-Windsor**, Prinzessin von York, Enkelin von Elisabeth II.	15. Okt.	**Mesut Özil**, deutscher Fußballnationalspieler
		3. Nov.	**Emma Stone**, US-amerikanische Schauspielerin und Oscar-Gewinnerin

Krippenspiel

Wenn beide Eltern berufstätig sind, entscheiden sie sich bald dafür, uns in eine Kinderkrippe zu geben, damit wir tagsüber unter Aufsicht sind. Oft gehört etwas Glück dazu, um so einen Platz zu ergattern. Die Kinderpflegerinnen sorgen sich nicht minder liebevoll um uns, wickeln und füttern uns genauso gut wie Mütter und Väter. Bald nehmen wir alles, was wir in die Finger kriegen, in den Mund, und wer nicht aufpasst, verschluckt schon mal das eine oder andere Kleinteil.

Nicht jeder oder jede findet das Familienessen toll.

1. bis 3. Lebensjahr

Da kann man nur hoffen, dass es unten wieder rauskommt. Nach dem Töpfchengang examinieren wir gründlich das Ergebnis: soso! Wenn sich solch ein Bedürfnis ankündigt, müssen wir das schleunigst den Erzieherinnen melden, damit die Sache nicht in die Hose geht, wie es so schön heißt.

In der Kinderkrippe profitieren wir von der täglichen Begegnung mit anderen Wesen unserer Spezies. Bei den größeren gucken wir uns das Schnellkrabbeln und Aufrechtstehen ab. Einige sind schon gut auf zwei Beinen unterwegs, wir machen es ihnen nach und setzen zaghaft einen Fuß vor den anderen. Anfangs müssen wir uns noch am Bett oder an einem Tischbein festhalten, aber mit genug Ansporn durch die Erzieherinnen gelingen bald schon die ersten freihändigen Schritte. Schon lange haben wir das erste echte Wort von uns gegeben: „Mama", „Baba", „Kaka", „Auto" oder so. Zugegeben, unsere frühkindliche Art, die Wörter auszusprechen und die oft noch wirre Aneinanderreihung von Lauten erfordern von den Erwachsenen einiges an Fantasie. Selbst wenn wir noch nicht viel sagen können, zeigen wir uns sehr clever. Unser Verständnis ist unserer Ausdrucksfähigkeit nämlich weit voraus. Bittet uns die Kinderpflegerin, den blauen Ball in den roten Korb zu werfen, landet der blaue Ball im roten Korb. Die Erzieherin freut sich wie ein Kind und wenn uns unsere Eltern am Nachmittag abholen, erzählen wir stolz von unserem Erfolg: „Blaua Ball! Hooter Korb! Blaua Ball! Hooter Korb!" – „Nein! Roter Korb! Rot." Ja, ja, schon klar!

Ende des Ersten Golfkriegs

Im August 1988 findet der achtjährige Krieg zwischen Irak und Iran ein Ende. Er forderte eine Million Tote, vor allem aus der Zivilbevölkerung, doch es gibt weder Gewinner noch Verlierer.

Die Vorgeschichte:
Am 22. September 1980 fallen die ersten Bomben im Iran. Der irakische Präsident Saddam Hussein sieht seinen sozialistisch-weltlichen Öl-Staat am Persischen Golf von religiösen Einflüssen seitens des seit 1979 islamisch-fundamentalistischen Nachbarn bedroht. Der Angriff auf iranische Flughäfen entfacht einen acht Jahre andauernden Krieg, in dem es um Grenzgebiete, regionale Vorherrschaft und die Kontrolle des Ölmarktes geht. Obwohl der Irak den Krieg gegen den Iran vom Zaun gebrochen hat, kommt es nicht zu Sanktionen. Die guten wirtschaftlichen Beziehungen zwischen dem Westen und dem Öl-Exporteur am Persischen Golf bleiben unverändert.

Der irakisch-iranische Krieg nimmt in unserem Geburtsjahr ein Ende.

Irakische Kriegsgefangene im Iran.

Freiheit!

Wir leben entweder in West- oder in Ostdeutschland. Jedoch sind wir keine Wessis oder Ossis. Denn das für uns wohl wichtigste politische Ereignis spielt sich ab, ohne dass wir davon Kenntnis nehmen: der Fall der Berliner Mauer.

Im Frühsommer 1989 erlebt die DDR ihre friedliche Revolution. Nach dem Massaker am Platz des Himmlischen Friedens in Peking und den Wahlfälschun-

1. bis 3. Lebensjahr

Unsere Eltern stammen noch häufig aus der Generation der Punks und Alternativen.

gen der SED bei den Kommunalwahlen im Mai werden immer mehr kritische Stimmen laut. Bald beginnen Österreich und Ungarn mit der Öffnung ihrer Grenzen und verstärken damit den schon existierenden Ausreisestrom von Ostdeutschen gen Westen. Im Sommer bilden sich die ersten oppositionellen Organisationen. Aus der Bürgerbewegung der DDR, die bisher für eine Modernisierung des DDR-Staates einstand, entwickelt sich eine Massenbewegung. Vor allem im Zuge der Montagsdemonstrationen protestieren Zehntausende gegen das herrschende Regime. Ihre Parole lautet: „Wir sind das Volk!"

Staats- und Parteichef Erich Honecker wird im Oktober 1989 vom eigenen Politbüro zum Rücktritt gezwungen. Die neue Regierung unter Egon Krenz ist allerdings in diesen Zeiten des Umbruchs zu zerstritten, um dem anschwellenden Druck entgegenzuwirken. Am 4. November demonstrieren eine Million Menschen auf dem Alexanderplatz in Berlin. Am 7. November tritt das Politbüro der SED geschlossen zurück. Ab 9. November sind Reisen nach Westdeutschland offiziell erlaubt, allerdings nur mit Reisepapieren. In Berlin jedoch sind die Grenzsoldaten dem Ansturm an Ausreisewilligen nicht gewachsen. Sie erzwingen noch am selben Abend den Fall der Mauer. Freudentränen fließen, Hupkonzerte ertönen, Ost- und Westberliner liegen sich überglücklich in den Armen.

Die Regierungen beider deutscher Staaten und die oppositionellen Gruppen bereiten bis zum Frühjahr 1990 die ersten freien Wahlen in Ostdeutschland und einen Staatsvertrag zur Einigung der Länder vor. Die CDU gewinnt die Wahl. Am 1. Juli tritt die gemeinsame Wirtschafts-, Währungs- und Sozialunion in Kraft. Die Deutsche Mark wird gemeinsames Zahlungsmittel und Ostdeutschland in die soziale Marktwirtschaft integriert. Der Einigungsvertrag vom 31. August besiegelt den Beitritt der DDR zur Bundesrepublik zum 3. Oktober 1990. Der 3. Oktober wird zum Nationalfeiertag, dem „Tag der deutschen Einheit". Seine vollständige Souveränität gewinnt Deutschland erstmals nach dem Zweiten Weltkrieg mit den Zwei-plus-vier-Gesprächen, bei denen die ehemaligen Besatzungsmächte der Wiedervereinigung zustimmen.

Am 9. November 1989 haben 20 Millionen Menschen die Freiheit erlangt! Darunter auch viele von uns 88ern.

Im Fußballsommer 1990.

Kaiserkrönung

Für Helden außerhalb der Welt der Plüschhasen, Bauchtrösti und Kuschelbären fehlt uns noch der Sinn. Denn richtig bewusst werden wir die Kicker-Helden von 1990 erst als Trainer oder Manager wahrnehmen. Es ist die Elf um Rudi Völler, Jürgen Klinsmann, Andreas Brehme und Lothar Matthäus, die 1990 die Fußballweltmeisterschaft in Italien gewinnt. Am 8. Juli 1990 steht unsere Mannschaft im Finale einer Fußball-WM und abermals Argentinien gegenüber. Nach einem Foulspiel an Rudi Völler verwandelt Andreas Brehme den alles entscheidenden Elfmeter in der 85. Minute. Knapp zehn Minuten später pfeift der Schiedsrichter ab, Endstand: 1:0 für Deutschland!

Die deutschen Fans sind in ihrer Euphorie und ihrem Freudentaumel nicht zu bremsen und krönen Trainer Franz Beckenbauer zum „Kaiser". Vermutlich drücken uns unsere Väter eine kleine Deutschlandflagge in die Hand, die wir dann hektisch in der Luft umherwedeln, oder werfen uns Wonneproppen vor Freude in die Luft. Vielleicht schläft der eine oder andere von uns auch eingewickelt in einer schwarz-rot-goldenen Flagge und kickt, noch ganz wackelig auf den Beinen, draußen auf der Wiese seine ersten Bälle. Es sind wohl diese frühkindlichen Prägungen, die uns Jahre später euphorisch feiern und hoffen lassen, denn scheinbar wurde uns die Fußballeuphorie in die Wiege gelegt.

In bayrischer Tracht.

Die Baby-Akte

Jahre bevor wir uns etwas unter Vorratsdatenspeicherung vorstellen können, existiert bereits eine Akte von uns. „Baby-Album" nennt sich unsere Akte. In den Monaten vor und nach unserer Geburt wird jeder unserer ersten Schritte und Tritte dort eingetragen und mit einem Foto, einem Datum und einem Kommentar versehen. So wird die Zeit, von der wir selbst bewusst am wenigsten wahrnehmen, für uns festgehalten und später staunen wir über diesen nackten, schleimigen Neugeborenen, das schlafende Baby und den wilden Racker im Spielgehege, und fragen uns: „Das sollen wir gewesen sein?"

Braun gebrannt und strohblond.

Das erste Bäuerchen, der erste Furz, der erste Zahn, die erste Krankheit, das erste Töpfchen – nichts entgeht dem allwissenden Baby-Album! Dies ist auch der Grund dafür, warum unsere Eltern das Leben ihres neuen Stars mit dem Fotoapparat begleiten. Man kann für die Dokumentation dieser rasanten Zeit nur dankbar sein. Schließlich entwickeln wir uns in unseren Babyjahren rasend schnell, die Pubertät scheint dagegen langweilig lang und unspektakulär. So ist das „Baby-Album" eine lohnende Investition, denn es ist die Erinnerung, die eine Zeit noch im Nachhinein wertvoll erscheinen lässt!

Wir lieben Tiere!

Das Ende der Apartheid

Das Jahr 1990 ist nicht nur für die Deutschen von Bedeutung, auch in Südafrika finden große Umwälzungen statt. Die Apartheid in Südafrika nimmt ein Ende. Als Erbe der Kolonialzeit entwickelte sich die Apartheid in der ersten Hälfte des zwanzigsten Jahrhunderts zu einem Unrechtssystem der Rassentrennung, der Benachteiligung der schwarzen Bevölkerung und der Herrschaft der Weißen in Südafrika. 1989 wird Frederik Willem de Klerk neuer Staatschef der Republik Südafrika. Im Februar 1990 kündigt er Reformen an, um die Spannungen im Land zu entschärfen. Er verhandelt mit Nelson Mandela und anderen Gefangenen, lässt sie schließlich frei und erklärt den Ausnahmezustand, der seit den 80er-Jahren herrscht, für beendet. Der ANC und andere verbotene Parteien werden zugelassen, die Apartheid-Gesetze schrittweise abgebaut. 1993 erhalten de Klerk und Nelson Mandela den Friedensnobelpreis. Ein Jahr später finden in Südafrika erstmals freie Wahlen statt. Mit 62,7 % der Stimmen geht der ANC als Sieger hervor. Erster Präsident in Südafrika nach der Apartheid wird Nelson Mandela. Nach einem Jahrhundert der Ungerechtigkeiten ist das letzte Erbe der Kolonialzeit beseitigt.

Proteste gegen das Apartheid-Regime in Südafrika.

Eine Demonstrantin in Südafrika.

1. bis 3. Lebensjahr

Vom **Kindergarten** zur **Grundschule**

Der schlimmste Tag unseres Lebens

Ein Tag im Jahr 1991. Für die meisten von uns ist heute der erste Tag im Leben, an dem wir für Stunden von Mama und Papa getrennt werden. Sie geben uns in die Obhut dieser fremden Frauen, genannt Kindergärtnerinnen. Die Hintergrundmusik der ersten Abschiedsszene ist eines unserer berühmtesten Schreikonzerte: Im Bereich experimenteller Klangkunst und

Der allmorgendliche Haferschleim ist Pflicht für einen gesunden Start in den Tag.

Chronik

27. Januar 1991
Boris Becker wird durch einen Sieg über den Tschechoslowaken Ivan Lendl Tennisweltmeister.

12. April 1991
Der zweite Golfkrieg endet mit einem Waffenstillstand zwischen dem Irak und den Koalitionsstreitkräften.

8. Oktober 1991
Slowenien und Kroatien erringen nach drei Monaten Bürgerkrieg ihre Unabhängigkeit von Jugoslawien.

17. – 31. Dezember 1991
Boris Jelzin und Michail Gorbatschow beschließen die Auflösung der UdSSR zum 31. Dezember. Gorbatschow tritt als sowjetischer Staatspräsident zurück.

7. Februar 1992
Der Vertrag von Maastricht wird unterzeichnet, die EU damit offiziell gegründet.

3. März 1992
Die Republik Bosnien-Herzegowina erklärt ihre Unabhängigkeit.

29. April 1992
Nach dem Freispruch der vier Polizisten im Fall „Rodney King" brechen in Los Angeles Rassenunruhen aus. Die Polizisten hatten den Afroamerikaner mit Schlagstöcken misshandelt.

3. Juni 1992
Die Vereinten Nationen treffen sich auf der Umweltkonferenz in Rio de Janeiro.

3. November 1992
Bill Clinton von der Demokratischen Partei gewinnt die Präsidentschaftswahlen in den USA.

1. Januar 1993
Teilung der Tschechoslowakei in Tschechische und Slowakische Republik.

27. März 1993
Sprengstoffanschlag gegen die Justizvollzugsanstalt Weiterstadt durch die RAF.

4. Oktober 1993
Die Schlacht von Mogadischu endet mit einem Desaster für die US-Truppen. Der 1991 entfachte Bürgerkrieg in Somalia lodert im Jahr 2008 immer noch.

in grenzwertigen Regionen der Dezibelskala geben wir unser Bestes. Geschafft! Mama bleibt noch fünf Minuten länger bei uns, und wenn sie dann doch weg will, klammern wir uns eben an ihr Bein, so werden aus den fünf Minuten zehn! Wir wollen einfach noch nicht verstehen, warum wir uns jetzt für den Rest des Tages in diesen bunt gestrichenen Räumen aufhalten, mit fremden Kindern spielen und mit diesen fremden Frauen reden sollen. Am ersten Tag unserer Kindergartenkarriere ist also das Jammern und Heulen noch groß, doch mit den Tagen, Monaten und Jahren wird das Schreikonzert immer ein paar Takte kürzer. Schon bald lösen wir uns noch vor dem Eingang des Kindergartens von Mamas Hand und stürzen uns in die verschiedenen Spielecken. In einer Ecke gibt es Bausteine, mit denen wir Türme errichten, die größer sind als wir, in der anderen Feuerwehrautos und unterschiedliche Tiere, die uns anregen, eigene Geschichten zu erfinden. Am Tisch daneben wird gemalt und gebastelt. Unser Stil ist abstrakt und expressionistisch: Mit den bunten Holz- und Wachsmalstiften fahren wir von einer Ecke des Blattes zur anderen und wieder zurück und kreisen dann noch einige Male in der Mitte mit unserer Lieblingsfarbe umher. Stolz zeigen wir das Kunstwerk der uns mittlerweile vertrauten Erzieherin und überreichen es daheim freudig den Eltern. Bei unseren späteren Kreationen dominieren schon klarere Formen.

Brettspiele spielten wir
nicht nur im Kindergarten gerne.

Mit Material aus dem Bastelregal wie Kleister, Fingerfarben, Glitzerstaub sowie allerlei Stoff- und Papierfetzen dürfen wir nach Herzenslust experimentieren. Ganz korrekt halten wir die Schere dabei noch nicht, versuchen uns aber tapfer an dieser Aufgabe. Eine Zickzackschere kaschiert die „Mäuseecken", die beim ungeschickten Schneiden entstehen. In der gegenüberliegenden Raumecke befindet sich das Spielregal. Die großen Würfel zeigen noch Farben und sollte uns das Regelwerk trotzdem überfordern, erfinden wir einfach unsere eigenen Spielregeln. Bei den Förmchen-Brettern versuchen wir schon mal das Achteckige ins Runde zu zwängen oder halten die Formen aus dicker Pappe für Kekse und nagen eifrig darauf rum.

Die Begeisterung unserer Erzieherin hält sich dann in Grenzen, ebenso wenn wir mit einem Ornament Rotz durch die Weltgeschichte laufen. Ständig hängt uns das klebrige Gold an der Nase, doch davon merken wir während des Spielens natürlich nichts. Die Erzieherin schickt uns daraufhin zum zentral platzierten Taschen-tuchspender, damit der gelbe Gesichts-schmuck verschwindet. Schnell noch Hände waschen und – „Piep, piep, piep, wir ham uns alle lieb!" – gibt es Mittagessen.

Wo geht's hier zum Spielplatz?

16

Danach geht es für diejenigen unter uns, die als Schlafkinder eingestuft werden, in den Schlafsaal, den anderen lesen die Erzieherinnen vor. Die Leserunde ist gespickt mit einfachen Quizfragen, um unsere Aufmerksamkeit zu testen. Wenn wir den bösen Wolf richtig benennen können und wissen, wie viele Schweinchen noch übrig sind, macht uns das Lob der Kindergärtnerin richtig stolz. Manchmal werden einige von uns von der gemütlichen Lesestunde ausgeschlossen, obwohl sie keine Schlafkinder sind. Das entscheidet sich je nachdem, wie man sich am Vormittag aufgeführt und ausgetobt hat. Die vormittäglichen Schlachten in der Liege- und Kissenlandschaft sind ein Gradmesser dafür.

Voll getankt mit Energie geht es am Nachmittag hinaus an die frische Luft. Wenn der Kindergarten kein eigenes Freigelände hat, stellen wir uns logistisch höchst anspruchsvoll in Zweierreihen auf und marschieren Hand in Hand zum nächstgelegenen Spielplatz. Bei gefährlichen Straßenüberquerungen strecken wir stets einen Arm raus, damit auch niemand uns Stöpsel übersieht. Am Spielplatz heil angekommen, hetzen und fetzen wir sofort los zu den Schaukeln, Wippen und Rutschen oder zum Klettergerüst. So ein Nachmittag kann eigentlich nur noch von einem Ereignis übertroffen werden: dem Ausflug zum Abenteuerspielplatz!

Der Sandkasten ist unser Revier.

Der schönste Tag unseres Lebens

An manchen Sonntagen fahren Mama und Papa mit uns und unseren Freunden zum Abenteuerspielplatz. Diese Stätte des Glücks unterscheidet sich signifikant von einem herkömmlichen Spielplatz. So ist der Abenteuerspielplatz mit einer Hängebrücke ausgestattet, auf der wir laufen und springen und

„Indiana Jones" spielen. Eine „Popo-Rutsche" darf ebenfalls nicht fehlen: Dieses Gefährt kommt mit einem Tellersitz daher, auf dem wir uns bis zur anderen Seite des riesigen Geländes schwingen. Der Park hat mehrere Hügel und die besten Kletterbäume, die wir kennen. Wie die Affen toben wir auf den Kastanien und Eichen umher. Wer kann am höchsten, wer am schnellsten klettern? Die Hügel bieten Gelegenheit zum Rutschen und Rollen, bis uns übel wird. Spaß macht es allemal! Ganz im Zeichen der Zeit widmen wir uns schon als Kleinkinder den Naturwissenschaften. Im Gebüsch sammeln wir Schnecken und Würmer, mit denen wir Experimente durchführen. Wie schmeckt ein Regenwurm? Was passiert, wenn ich Salz auf eine Nacktschnecke streue? Kann man eine Schnecke aus ihrem Haus ziehen? Dass aus einem Regenwurm zwei werden, wenn man ihn

Kindervolkssport ist das Auf-Bäume-Klettern.

zerteilt, und noch viel mehr gehört zum Erkenntnisgewinn von uns Fünfjährigen. Doch wir wollen noch viel mehr lernen! Einige von uns können bereits bis zehn oder gar bis zwanzig zählen. Die meisten setzen schon ihren Namen unter die eigenen Kunstwerke, selbst wenn der ein oder andere Buchstabe noch auf dem Kopf steht. In der nahe gelegenen Grundschule bereiten wir uns schon mal im Rahmen der wöchentlichen Vorschul-Nachmittage auf das Ereignis des Jahres vor: die Einschulung.

Kreativität und Geschäftstüchtigkeit

An den kindergartenfreien Tagen zeigen wir uns sehr geschäftstüchtig. Schon in jungen Jahren entern wir den Markt mit unseren Produkten. Da wären zum Beispiel verstoßene Kuscheltiere, Bilderbücher und Plastikspielzeug von Fastfoodketten, das uns früher mal gefiel, jetzt jedoch nicht mehr. Mit all dem Kram, den wir entbehren können, und einer Sitzdecke unter dem Arm begeben wir uns raus auf die Straße.

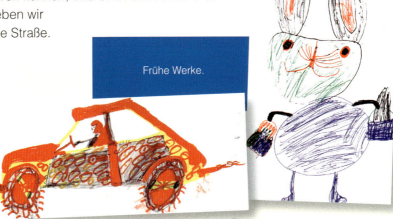

Frühe Werke.

Am Gehsteig stellen wir unsere Waren auf und setzen uns auf die Decke. Ab und zu springt bei so einem Flohmarkt schon mal ein Vermögen für uns raus, und als Nebeneffekt wirken wir dem nicht mehr zu bewältigenden Chaos im Kinderzimmer erfolgreich entgegen. Eine weitere Einkommensquelle sind selbstgemalte Bilder, die wir von Haus zu Haus laufend an den Mann oder die Frau zu bringen versuchen.

Fantasiereise nach Afrika.

Bürgerkrieg in Jugoslawien

Anfang der Neunzigerjahre ist die sozialistische Republik Jugoslawien unter der Führung Slobodan Milosevics bankrott. Der Untergang der Sowjetunion und die Demokratisierungsprozesse in Osteuropa heizen die separatistischen Bewegungen der einzelnen Bevölkerungsgruppen an. Sie streben nach Souveränität. Präsident Milosevic hingegen will den Staat unter serbischer Vorherrschaft um jeden Preis zusammenhalten. Die kriegerischen Auseinandersetzungen der folgenden Jahre gründen vor allem in der Ethnienvielfalt des Gebiets aus Kroaten, Serben, Slowenen, Bosniern und Albanern. Am 25. Juni 1991 erklären Kroatien und Slowenien ihren Austritt aus dem jugoslawischen Staatenbund und damit ihre Unabhängigkeit. Die jugoslawische Volksarmee schreitet gewaltsam ein, der Bürgerkrieg bricht aus. Der Krieg in Slowenien dauert nur zehn Tage, da das Gebiet ethnisch weniger spannungsgeladen ist als Kroatien. Dort versuchen die jugoslawische Armee und serbische Widerstandskämpfer, einen von einer serbischen Minderheit bevölkerten Teil Kroatiens abzuspalten. Die Kroaten antworten mit Vertreibungen der serbischen Zivilbevölkerung. Eine durch die Vereinten Nationen vermittelte Waffenruhe bringt den Konflikt 1992 vorübergehend zum Stillstand, überwacht von UNO-Friedenstruppen. Doch schon im selben Jahr bricht in Bosnien-Herzegowina der Krieg zwischen bosnischen Serben auf der einen, bosnischen Kroaten und bosnischen Muslimen, den sogenannten Bosniaken, auf der anderen Seite aus. Auch in Bosnien wollen die Serben eine Minderheitenregion abspalten. Ein Jahr später bekämpfen sich auch Bosniaken und Kroaten. Gegenseitige Vertreibungen, Kriegsverbrechen und ethnische Säuberungen sind im ehemaligen Jugoslawien an der Tagesordnung.

1994 kann durch das „Abkommen von Washington" wenigstens der Krieg zwischen Bosniaken und Kroaten beendet werden, doch erst mit dem „Dayton-Vertrag" von 1995 herrscht endgültig Frieden zwischen Serben, Kroaten und Bosniern.

Weihnachten bei den Großeltern.

Cowboys und Prinzessinnen

Zur Faschingszeit spannen wir, als Geister, Prinzessinnen oder Clowns verkleidet, schon mal ein Seil quer über die Straße, um in unserem Revier Autos anzuhalten. Meistens ist es der Cowboy unter uns, der den Insassen für die Weiterfahrt Geld abknöpft. Das investieren wir dann in die saisonalen Knallerbsen. Knallerbsen sind nicht zum Verzehr bestimmt und es gibt sie nur zur Faschingszeit. Damit erschrecken wir schon mal die Oma oder Tante beim Besuch. Böse Geister muss man eben verschrecken!

Insgesamt können wir uns über die Verwandtschaft jedoch nicht beklagen. Wir besuchen unsere Tanten und Onkels und Omas und Opas gern, meistens in den Ferien. Bei ihnen lassen wir uns mit traditioneller Hausmannskost verwöhnen und spielen den ganzen Tag draußen im Garten oder im nahe gelegenen Park. Aufmerksam lauschen wir den Geschichten der Großeltern. Häufig zeigen sie sich großzügiger als Mama und Papa, sodass wir uns regelmäßig über Süßigkeiten und andere kleine Geschenke freuen dürfen. Auch an Weihnachten erweist sich eine große Familie als profitabel. Am Heiligen Abend springen wir wie ein Flummi aus der Spielkiste durch die Wohnung. Der Duft von Tannennadeln, abgebranntem Wachs und köstlichen Plätzchen trägt zur Aufregung vor der Bescherung bei. Eine Glocke läutet dann endlich die Bescherung ein. Schnell eilen wir zum Gabentisch, um das Geschenk mit unserem Namen zu suchen.

4. bis 6. Lebensjahr

Adventszeit ist die beste Zeit des Jahres.

Die nächsten Tage kugeln wir noch durchs Land, bis es an einem frühen Januarmorgen hinaus in die Berge geht. Es ist noch dunkel draußen, da tragen uns unsere Eltern behutsam ins Auto, um uns nicht unseres Schlafes zu berauben. Ein schlafendes Kind im Auto ist nämlich das friedlichste vorstellbare Szenario einer gemeinsamen Autofahrt. Alternativen? Ein sich auf der Rückbank zankendes Geschwisterpaar, rollend und wälzend im Eifer des Gefechts, Schokoladencremeflecken auf dem Bezug oder – noch schlimmer! – das aufsteigende Frühstück bei Kilometer 50 in einer scharfen Rechtskurve. Oft werden wir „Kotzkinder" unter den 88ern dann aber nicht nur wegen unseres rebellischen Magens getröstet, sondern ernten sogar noch Privilegien für die Sauerei! Fortan dürfen wir nämlich auf der Fahrt ins Skigebiet mit einem Walkman oder mit einem der neuen Discmans unseren Lieblingshörspielen lauschen. Bibi und Tina auf Amadeus und Sabrina und Benjamin Blümchen lenken uns vom kurvigen Straßenverlauf der Berg-und-Tal-Fahrt ab.

Oben angekommen, erwartet unsere Eltern die nächste Hürde eines lustigen Ausflugs in die Berge, das Anziehen der lieben Kleinen. Mit Händen und Füßen wehren wir uns gegen den kneifenden, knallgelben Skianzug und die steinharten Skistiefel. Mit Helm schwingen wir uns am Ende doch noch auf die Skier. Einige schinden jedoch schon als rare Snowboardzwerge Eindruck auf der Piste. Wir hüpfen über kleine Sprungschanzen aus Schnee und passieren Zwergerltore, die Motive beliebter Kinderfiguren zieren. Dumbo, Micky Maus und Donald nehmen uns die Angst am Hang. Bei der obligatorischen Mittagspause in der Almhütte verspeisen wir genüsslich eine fette Currywurst mit Pommes oder einen Germknödel mit Vanillesoße. Während sich unsere Eltern noch eines Jägertees erfreuen, erkunden wir die nähere Umgebung der Alm und tollen wie verrückt im Schnee umher. Erfüllt von Lebensglück und todmüde begeben wir uns am Ende eines so ereignisreichen Tages ins Auto, schlafen ein und gönnen somit unseren Eltern die wohlverdiente „kinderfreie" Heimfahrt.

Vergnügen im Schnee.

Die **Vorpubertät**

Ein Abc-Schütze bei seinen
ersten Hausaufgaben.

Von Turnbeutelvergessern
und Wollschneckenklebern

Der erste Schultag stellt den bisherigen Höhepunkt unseres noch jungen
Lebens dar. Wie lange haben wir uns
darauf gefreut? Nun stehen wir da mit
unserer Schultüte, umklammern sie
krampfhaft und fest, dass sich unsere
Fingernägel ins Fleisch schneiden,
sofern sie Mama nicht noch am Morgen geschnitten hat. Im
Nachhinein, auf Papas Videoaufzeichnung, erkennt man an den übernächtigten
Gesichtern, wie sehr uns die Aufregung vom Vortag zugesetzt hat.

Chronik

6. Mai 1994
Eröffnung des Tunnels unter dem Ärmelkanal zwischen Frankreich und England.

9. Mai 1994
Nelson Mandela wird erster schwarzer Präsident Südafrikas.

18. Juli 1994
Ende des Bürgerkrieges in Ruanda, mit einer Bilanz von geschätzt einer Million Toten und zwei Millionen Flüchtlingen.

7. Mai 1995
Als Nachfolger von François Mitterand wird Jacques Chirac französischer Staatspräsident.

23. Juni 1995
Der Künstler Christo verhüllt den Reichstag in Berlin.

14. Dezember 1995
Die Staatspräsidenten von Serbien, Kroatien und Bosnien-Herzegowina unterzeichnen nach vier Jahren Krieg auf dem Balkan das Friedensabkommen von Dayton.

13. Juni 1996
Als letztes Land der EU schafft Belgien die Todesstrafe ab.

5. Juli 1996
Das erste geklonte Säugetier kommt auf die Welt. Es ist ein Schaf und heißt Dolly.

27. September 1996
Radikal-islamische Taliban-Milizen („Gotteskrieger") erobern die afghanische Hauptstadt Kabul und bilden eine neue Regierung.

Juli 1997
Hochwasserkatastrophe an der Oder.

27. Juli 1997
Radprofi Jan Ullrich gewinnt als erster Deutscher die Tour de France.

31. August 1997
Die englische Prinzessin Diana verunglückt in Paris tödlich.

10. Dezember 1997
Auf der Klimakonferenz in Kyoto verpflichten sich die Industrieländer, ihre Treibhaus-Emissionen zu senken. Die USA unterzeichnen das Protokoll nicht.

Schulfreunde in megalangen Shirts und Ballonhosen.

Endlich! In den Nachschriften und Erlebnisaufsätzen der nächsten Jahre heiraten wir Prinzessinnen, fallen vom Fahrrad oder Räubern in die Hände. Wir malen Milch, Mäuse, Mimi, Mama und Musik ins Buchstabenheft und rechnen 5 plus 4 und 3 mal 12. Außerdem erfahren wir, warum das Eichhörnchen jeden Spätherbst Nüsse hortet, vergessen den Turnbeutel zur Sportstunde und kleben in Textilarbeit-Werken Wolle an Papier oder versehentlich Daumen an Zeigefinger. Ganz im Zeichen der Zeit lernen manche bereits Englisch. Der Lehrer ist ein Stoffrabe und gibt uns englische Namen und wir singen lustige Lieder von bunten Farben und Äpfeln und Kirschen. Insgesamt macht uns Schule Spaß, doch daran hatten wir nie gezweifelt. Wir finden Freunde und lernen dabei fürs Leben, indem wir teilen, streiten und verzeihen.

Das moderne Haustier: Tamagotchi.

Nachts, halb drei im Kinderzimmer

Schon im sozialen Mikrokosmos Grundschule zählt nicht
nur das Diktat in der Deutschstunde, sondern auch das Diktat der Masse.
Zahlreiche Wellen schwappen über die Pausenhöfe der Generation 1988:
Plastikringe sowie Freundschafts- und Buddha-Armbänder aus dem Kau-
gummiautomaten gehören zum erschwinglicheren Pflichtschmuck von 1997,
für ein Tamagotchi hingegen bedarf es da schon der Überredungskunst,
respektive des Schreiterrors …

1997 erscheint das dreißig Mark teure Tamagotchi in Deutschland und zieht
unsere technikbegeisterte Generation sofort in den Bann. Schnell hält das elek-
tronische Ersatzhaustier Einzug in unsere Kinderzimmer, und so klein und
handlich wie es ist, tragen wir es immer mit uns rum – selbst nachts um drei
oder mittags unter der Schulbank putzen wir das Klo unseres Zöglings, spielen
mit ihm, bringen ihm Rechnen bei oder streicheln ihn sanft per Tastendruck.
Für all jene unter uns, die sich zu Hause weder Hund noch Katze, Hamster
oder Kaninchen halten dürfen, stellt das Elektro-Küken die ideale Alternative
dar. Wir übernehmen Verantwortung für den hungri-
gen Fratz und bauen eine emotionale Bindung zu
ihm auf. So spielt sich das eine oder andere Welt-
untergangsdrama ab, sollte der Kleine wegen
Vernachlässigung oder leerer Batterie das Zeitli-
che segnen. Dem Plastik-Ei des japanischen
Herstellers Bandai folgt eine Reihe billigerer
Kopien in Gestalt von Hunden, Dinosauriern und
anderen Wesen. Und langsam wird deutlich:
Der Japan-Wahn herrscht in zentraleuropäi-
schen Kinderzimmern! Überdimensional

Dann doch lieber
ein echtes Haustier.

Die Kinderfahrgeschäfte kommen in Gestalt putziger Comicfiguren daher.

große Köpfe und riesige Kulleraugen belagern das nachmittägliche Kinderfernsehen. Es sind Sailormoon und die Pokémon, die uns mit ihren fliegenden, siegenden Mondsternen und Poke-Bällen begeistern. Unsere ersten Comiczeichnungen dominieren besagte Riesenköpfe und Riesenaugen, verziert mit fetten Wassertropfen oder Tränen. Asien hat unser Herz erobert!

Gogo-Börse und Center-Shock im Tal der Wölfe

Zwischen den verschiedenen Anime-Sendungen, wie sich die japanischen Comicserien nennen, läuft Fernsehwerbung und natürlich sind genau wir eine gute Zielscheibe für die Spielwarenindustrie. In den großen Spielwarenhäusern betteln wir um einen Croco-Doc oder Twister, ein Gesellschaftsspiel, bei dem wir unsere Schlangenkörper verknoten und verdrehen.

Die fünf bis sieben Mark Taschengeld investieren wir in Gogos, kleine Sammelfiguren, mit denen wir Wurfspiele spielen und handeln. Da man erst nach dem Auspacken weiß, um welches Teil es sich handelt, lachen wir uns ins Fäustchen, wenn wir soeben eine der begehrtesten Figuren erstanden haben – oder sind zu Tode betrübt, weil wir mal wieder den Standardgnom erwischten. Der kurzlebige Trend um die Gogos (oder „Crazybones") ist bezeichnend für unsere Generation. Es sind wir, die mitkriegen, wie sich erstmals eine Tendenz zum harten Handel unter Kids abzeichnet. Schon bald werden sich unsere kleinen Geschwister für Yugioh-Karten verschulden, während bei uns der Gogo-Wahn nur ab und zu mal eine Pausenhofrangelei auslöst.

Man muss jedoch sagen, dass die Zeit zwischen den Unterrichtsstunden meist friedlich abläuft und dabei immer zu kurz gerät. Es gibt doch so viel zu tun!

Für uns Schleckermäuler galt:
Hauptsache süß und klebrig.

Neben Balancieren und Fußball gehören die Spiele „Mädchen fangen Buben"
und „Buben fangen Mädchen" zu den Rennern der Arena. Da spielen auch aus-
nahmsweise mal alle zusammen. Denn eigentlich sind Mädchen zickig und
Buben blöd und um dieses Gesetz nicht öffentlich zu brechen, nutzen wir die
besagte Hetzjagd, um zufällig doch mal mit der süßen Sandra und dem lustigen
Jan in Berührung zu kommen – wenn auch etwas grob, was auch nicht unge-
wollt geschieht. Unsere Lehrerin sagt dazu nur: „Was sich liebt, das neckt sich!"

Geht es dann doch mal ruhiger zu, werden das Pausenbrot geteilt und die
großen Fragen der Welt in Jungen- bzw. Mädchenkleingruppen erörtert: Wer
spuckt am weitesten? Wer war schon mal allein am weitesten weg von zu
Hause und hat dabei wie viele Straßen überquert? Ist Rot eine Mädchenfarbe
oder eine Jungenfarbe? Wie viele kleine Sterne werten einen Seiten füllenden
Riesen-Filz-Pferde-Sticker auf im Wettbewerb um Deutschlands größten
Sticker-Sammler? Welcher Power Ranger ist am stärksten? Was ist das myste-
riöse Mew und wer kann die meisten Center-Shocks essen? Center-Shocks,
das sind die sauersten Süßigkeiten, die wir beim Bäcker oder dem Kiosk um
die Ecke kriegen können. Da sticht es im Kiefer und mit verzerrten, gelähmten
Gesichtern setzen wir uns auf die Schulbank zur ersten Stunde. Weniger mutig
muss man für die begehrten Schleckmuscheln sein, die wie die Lutschlippen-
stifte mit Plastikperipherie daherkommen. Ebenso beliebt sind die pappigen
Riesenschlümpfe, die Riesenfruchtschlangen und der zwei Meter lange
Kaugummi.

Alles Banane im Leben eines Grundschulkindes

Einmal im Jahr steigt die „Megaparty", nämlich zum Geburtstag. Wenn wir nicht gerade mit Freunden im Schwimmbad, Kino oder auf dem Spielplatz feiern, drehen wir zu Hause ordentlich auf. Denn wie jeder weiß – „Techno ist cool" und ansonsten ist uns sowieso „Alles Banane".

Die Feiern zum 7. bis 10. Geburtstag werden von den Schlumpfenhits begleitet, die Musikalben unserer blauen Helden aus dem Fernsehen. Gargamels und Asraels Gegenspieler aus dem Schlumpfenwald quietschen Coverversionen aktueller Hits. „Keine Schule" lässt uns toben und zum „Schlumpfen Cowboy Joe" tanzen wir uns die Seele aus dem Leib. Dabei wird das eigene Jubiläum mit einer Fruchtbowle begossen, doch vorher versammeln sich alle zum Kuchenessen am Geburtstagstisch, der mit Luftschlangen, Luftballons und Konfetti dekoriert ist. Den Schoko-, Käse- oder Apfelkuchen zieren bunte Kerzen, die wir auspusten müssen, nachdem wir uns etwas gewünscht haben. Ob zumindest der materielle Wunsch in Erfüllung geht, erfahren wir beim Auspacken der Geschenke. Meistens ist es ein Stofftier, ein bebildertes Lesebuch, ein Disney-Video oder das neuste Turtle-Spielzeug. Danach können

Festvorbereitungen.

Jux und Dollerei am Kindergeburtstag.

7. bis 10. Lebensjahr

alle Gäste beim Topfschlagen, Sackhüpfen, Von-der-Schnur-Essen und Blindekuh-Spielen Süßigkeiten gewinnen. Das Leben eines Grundschulkindes ist unbeschwert. Den ganzen Tag zu spielen, ein wenig zu lernen und noch nicht viel zu müssen zeichnet unsere Kindheit aus. Doch selbst in diesen gesegneten Jahren sind die Kindergeburtstage etwas ganz Besonderes und bleiben uns wohl ewig in Erinnerung.

Völkermord in Ruanda

Seit der Unabhängigkeit Ruandas 1962 wurde das Land vom Stamm der Hutu regiert. Infolge einer Wirtschaftskrise in den 80ern formierte sich eine Rebellenfront aus Tutsi und oppositionellen Hutu, die RPF. Ihre Offensive entfachte 1990 den Bürgerkrieg in Ruanda.

Flüchtlinge als Folge des Völkermords in Ruanda.

Mit Hilfe belgischer und französischer Truppen wehrte der regierende Diktator den ersten Schlag der RPF ab. Zwei Jahre später gründeten er und sein Umfeld die „Hutu-Power"-Bewegung. Die Bewegung sah einen Staat ohne Tutsi und oppositionelle Hutu vor. Bis 1994 errichtete man einen wirksamen Propagandaapparat. Regimekritische Zeitungen und Radiostationen wurden verfolgt. Der Sender RTLM betrieb gezielte Hetze gegen die Tutsi. Zur besseren Verbreitung der Vernichtungs-Rhetorik verschenkte man Radios. Nicht nur diese Tatsache erinnert an die Geschehnisse aus dem Dritten Reich. Ebenso das Instrument der Furcht kommt bekannt vor. Man beschwor Gewalttaten der Tutsi und drohte jenen Hutu mit dem Tod, die sich dem geplanten Vergeltungsschlag entziehen wollten.

Vorbereitet durch diese Propaganda beginnt Anfang April 1994 der Völkermord in Ruanda. Am 6. April wird der Staatsprä-

sident Opfer eines Attentats, dessen Täter unbekannt bleiben. Das Militär füllt das Machtvakuum. In den folgenden Wochen töten Hutu-Milizen und die durch Propaganda angestachelten Hutu-Zivilisten eine Million Tutsi und oppositionelle Hutu. Die flüchtenden Tutsi verstecken sich in Kirchen, Schulen und anderen großen Gebäuden. Oft sind diese Orte Schauplätze furchtbarer Massaker: Zuerst werfen Hutu Handgranaten in die Menge, die Überlebenden töten sie mit Knüppeln und Macheten. Eine Million Tote, zwei Millionen Flüchtlinge, 200 000 Täter. Erst nach einem erfolgreichen Feldzug der RPF endet der Völkermord. Experten erklären im Nachhinein die internationale Gemeinschaft mitverantwortlich für das Ausmaß der Gewalt. Sie sei zu lange untätig gewesen und habe die Ereignisse in Ruanda als „Chaos" und „verheerende Umstände" beschönigt. Der Waffenhandel mit Ruanda zu Zeiten des Bürgerkriegs habe zudem die Dauer der Kämpfe mitbestimmt.

Am Strand sind wir glücklich.

Camping im Süden

Je nach Bundesland haben wir Schüler bis zu vierzehn Wochen Ferien im Jahr. Vor den großen Ferien im Sommer wird es spannend: Wir kriegen das Jahreszeugnis. In den ersten Schuljahren erfolgt die Bewertung verbal. Unsere Lehrerinnen und Lehrer haben uns genau unter die Lupe genommen. Nicht nur Reife und Leistungsstand, Aufmerksamkeit und Betragen im Unterricht sowie das Sozialverhalten werden pädagogisch eingeschätzt, auch Details wie „er kratzte häufig Löcher mit seinem Füller in das Heft" finden auf dem Zeugnis Platz. Später werden Noten eingeführt. Die Schriftnote

Unter der Sonne Italiens.

31   7. bis 10. Lebensjahr

darf natürlich nicht fehlen und neben den Hauptfächern Deutsch, Mathe und Heimat- und Sachkunde gibt es die Fächer Religion oder Ethik, Musik, Textilarbeit/Werken und Sport.

Nun wissen wir: Schule ist schön, Ferien sind besser! Italien ist nach wie vor ein beliebtes Reiseziel der Deutschen. So fahren wir mit den Eltern und Geschwistern und manchmal auch dem ganzen Familienclan gen Süden. Viele machen Campingurlaub, immer mehr buchen jedoch eine Pauschalreise mit Flug und Hotel. Die Reiseagenturen bieten für Kinder allerlei Vergünstigungen, die Hotels kommen mit Kinderbetreuung, Spielparadies und seichtem Pool für Nichtschwimmer daher. Manche Familien fahren schon seit Jahren zur glei- chen Zeit an denselben Ort. Beim abonnierten Urlaubstreff begegnet man alten Bekannten und auch wir Kinder wärmen eingefrorene Freundschaften nach einem Jahr wieder auf. Wem Wiedersehen weniger Freude bereitet als Neuerkundungen, dem bieten Adria und Mittelmeer zahlreiche Flecken, die es noch zu entdecken gilt. Manche klappern in ihrer Kindheit bereits jeden Winkel des italienischen Stiefels ab. Morgens geht es an den Strand und abends kommen wir knackig braun oder krebsrot mit sonnengebleichten Haaren wieder zurück. Dann wird am Lagerfeuer gegrillt und unsere älteren Geschwister erzählen bis in die Nacht Gruselgeschichten. So macht der alljährliche Campingurlaub in Italien immer wieder Spaß.

Grillen gehört zu einem echten Campingurlaub dazu.

Videospiele waren
überaus beliebt.

Wunde Handflächen,
Kicks und Hiebe

Das Zeitalter der Videospiele ist angebrochen! Schon bei unseren großen
Brüdern spielten wir mit Freude auf dem Super Nintendo oder dem alten,
grauen Gameboy. In unserem damaligen Lieblingsspiel, Mario Kart, schossen
wir uns dabei gegenseitig die grünen und roten Panzer um die Ohren. Die
Melodie vom Gameboyspiel Tetris ist uns heute noch ein Ohrwurm. Es bedarf
also keiner weiteren Erklärung, dass auf unseren Weihnachtswunschzetteln der
Jahre 1995 bis 1997 eine Videospielkonsole ganz oben steht. Die Playstation
von Sony erscheint 1995, der Nintendo 64 zwei Jahre später. Beide Konsolen
können erstmals dreidimensionale Grafiken darstellen, zudem wartet der
Nintendo 64 mit einem rotierbaren Steuerknüppel auf, mit dem wir uns später
die Handflächen wund spielen. Unsere Lieblingsspiele sind Mario Party, Lylat
Wars, Mario Kart, Diddy Kong Racing, Tekken und Tony Hawks Pro Skater. Ein
Spiel kostet 70 bis 120, eine Konsole bis zu 400 Mark. So etwas Teures
können wir natürlich nur geschenkt bekommen, denn dafür reicht unser
Taschengeld nicht. Bald sind Videospiele aus unserem Alltag nicht mehr
wegzudenken. In den großen Pausen vergleichen wir die neusten Punkte-
stände und tauschen Taktiken und Ratschläge aus, wie die Spiele am besten
zu meistern sind. Nach der Schule treffen wir uns im Elektrofachmarkt, wo
man auf einer für alle Kunden zugänglichen Konsole spielen darf. Um diesen
Ort bilden sich fast immer Menschentrauben und ein jeder fiebert mit, wenn
mal wieder einer der Besten aus der Gegend an der Reihe ist. Mit großen
Augen bewundern wir die Skateboardtricks auf dem Bildschirm. Den eigenen
Punktestand kann man auf der Konsole speichern, und natürlich ist es eine
besonders große Ehre, seinen Namen möglichst weit oben auf der Rangliste
des Elektromarktes stehen zu sehen.

Abends versammeln wir uns bei jenen Freunden, die eine Spielekonsole
haben. Maximal vier Leute können gleichzeitig spielen. Bei Cola, Chips und
Crackern schießen wir uns gegenseitig ab, führen wilde Verfolgungsjagden und
verpassen uns Hiebe und Kicks, natürlich nur virtuell. Nahezu alle Kinder in
unserem Bekanntenkreis sind begeistert von den Geräten. Wer sich nicht dafür
interessiert, gilt schon mal als Außenseiter.

Kohl geht, Schröder kommt.

Das Ende einer Ära

Mit dem Ende der sechzehn Jahre andauernden „Ära Kohl" wird in uns der politische Mensch geweckt. Auch wenn er die ersten Jahre noch recht schläfrig ist: Mit der politischen Wende 1998 gibt es ihn wenigstens. Denn bisher dachten wir, wir würden auf immer und ewig diesen dicken, alten Mann auf dem Bildschirm sehen. Doch mit Gerhard Schröder zieht nun ein weniger dicker und weniger alter Mann im Kanzleramt ein. So erleben wir am 27. September 1998, dass diese stark medienpräsente Figur des Bundeskanzlers auch ausgewechselt werden kann. Schröder führt eine Koalition aus SPD und den Grünen an. Damit wird nicht nur erstmals eine Koalition vollständig durch eine andere ersetzt, es regieren ebenso zum ersten Mal die Grünen mit. Das wichtigste Wahlkampfthema war die seit 1996 stark zunehmende Arbeitslosigkeit. Gerhard Schröder kündigt bei seinem Amtsantritt an, dass er sich an den Erfolgen oder Misserfolgen in der Arbeitslosen-Frage als Kanzler messen lassen will. Sein Scheitern darin wird ihn später die zweite Wiederwahl kosten. Die Spannung des Wahlabends geht an uns natürlich nicht vorbei. Auch wenn wir die Enttäuschung oder Freude im Wohnzimmer nicht nachvollziehen können, interessiert uns das Spektakel. Von Politik verstehen wir zwar noch nichts, allerdings hätten wir intuitiv wahrscheinlich die Grünen gewählt. Naturkatastrophen und Walfang erschüttern das Gemüt eines Neunjährigen eben mehr als wirtschaftliche Probleme. Zudem entscheiden wir, die von dem Ganzen nicht viel Ahnung haben, eher nach dem Äußeren des Kandidaten. Und da schneidet der verhältnismäßig junge, sympathische Joschka Fischer gut ab! Mit unseren zehn Fingern rechnen wir uns schon mal aus, wann auch wir wählen können.

Erinnerungsstücke

Bis die Flüsse aufwärts fließen, bis die Hasen Jäger schießen, bis die Mäuse ...
– nein, nein, nein! Stopp! So geht das eben nicht mehr! Denn ehrlich gesagt sind wir 88er keine poetische Generation. Nur die wenigsten besitzen ein Poesieal-

bum, in dem man sich einander zarte Lyrik widmet, die eigentlich aus den letzten Seiten der Zeitschrift Wendy stammt. Wir ordnungsliebenden 88er brauchen Struktur! Deshalb sind in unseren Grundschuljahren die Freundschaftsalben besonders angesagt. Die bunten Steckbriefe liefern viele Vorgaben und trotzdem noch Raum für ein Foto, eine Zeichnung oder ein weises Wort. Neben üblichen Daten wie Geburtstag, Gewicht, Familienstand und Telefonnummer darf man seine Lieblingsfarbe, sein Lieblingsgericht und seinen Lieblingslehrer eintragen, interessanter jedoch sind das „Hass-Gericht", der „Hass-Lehrer" und das „Hass-Schulfach". Aus den normierten Fragebögen lässt sich also leicht ermitteln, ob Rote Bete tatsächlich das „Hass-Gericht" der 2b ist und wer von uns den fiesen Mathelehrer mag. Das wird natürlich schnell bekannt, schließlich gehen die Freundschaftsalben durch fast alle Hände im Klassenzimmer. Manche sträuben sich allerdings, das kostbare Album Vertretern des anderen Geschlechts zu zeigen. Auf der einen Seite dürfen sich nur wahre Freunde in das Album eintragen, andererseits verfolgen wir alle doch nur ein Ziel: den Ruhm! Jeder Album-Besitzer versucht, alle Steckbriefe in seinem Buch vollzukriegen, denn ein vollständiges Freundschaftsalbum zeugt von der Beliebt-heit des Besitzers! Zumal wir das Büchlein auch an Verwandte weitergeben.

Gemischte Gefühle

Schon nach der vierten Klasse entscheidet sich für uns, welche weitere Schulkarriere wir verfolgen sollen. Vielerorts bietet sich die Wahl zwischen dem Gymnasium, der Realschule und der Hauptschule, andernorts gibt es auch Gesamtschulen. Hier trennen sich also unsere Wege von so manchen Schulfreunden und -freundinnen. So ist die Grundschul-End-zeit von gemischten Gefühlen geprägt. Zwischen dem Stress um den Schul-wechsel und der Vorfreude auf einen neuen Lebensabschnitt vergehen die letzten Wochen wie im Flug. Auf dem letzten Grundschulfest singen wir noch einmal gemeinsam vor, spielen eine Maus oder einen Baum in einem Theater-stück und verbeugen uns schließlich vor unseren stolzen Eltern. Der Vorhang des Abschlussfestes fällt – ein neuer Lebensabschnitt kann beginnen!

Vom **Kind** zum **Teenager**

Freizeit mögen wir doch
lieber als die Schule.

Wieder die Kleinsten, aber freier

Mimi die Lesemaus weicht Kevin from Hatfield,
Micky Maus der BRAVO und die Schlumpfenhits der Brit – der zweite erste Schultag steht
an! Dieses Mal ohne Schultüte und Scout,
jedoch mit gleich großer Aufregung und
Eastpack. Ab jetzt werden wir die nächsten
fünf bis neun Jahre eine Haupt-, Realschule
oder ein Gymnasium besuchen. Einige finden
sich fortan im Rahmen der Orientierungsstufe
oder besuchen eine Gesamtschule. Eines

Chronik

2. Januar 1998
Die Vogelgrippe bricht in Hongkong aus.

3. Juni 1998
Beim bisher schwersten Zugunglück
Deutschlands in Eschede sterben 101
Menschen.

17. August 1998
Bill Clinton gesteht die Affäre mit seiner
ehemaligen Praktikantin Monica Lewinsky.

27. September 1998
SPD und Grüne gewinnen die Bundestags-
wahl, Gerhard Schröder löst Helmut Kohl
nach 16 Jahren als Bundeskanzler ab.

24. März 1999
Der Kosovokrieg bricht aus. Die NATO
beendet den Konflikt bis zum 10. Juni
kriegerisch ohne UN-Mandat.

10. Juli 1999
Die Loveparade zieht in ihrem Rekordjahr
1,5 Millionen Raver an.

11. August 1999
Totale Sonnenfinsternis über Zentraleuropa.

10. Dezember 1999
Günter Grass erhält den Literaturnobel-
preis.

8. April 2000
Die erste Babyklappe Deutschlands wird in
Hamburg-Altona eingerichtet.

7. Mai 2000
Wladimir Putin wird zum Staatspräsidenten
von Russland gewählt.

27. November 2000
Der Republikaner George W. Bush gewinnt
mit nur einigen Tausend Stimmen Vor-
sprung die Präsidentschaftswahlen in den
USA. Im Nachhinein wird ihm Wahlfäl-
schung vorgeworfen.

11. September 2001
Terroranschläge auf das World Trade
Center und das Pentagon.

7. Oktober 2001
Beginn des Afghanistankrieges gegen die
Taliban.

Klassenausflüge waren auch nicht schlecht.

jedoch ist auf jeder dieser weiterführen-
den Schulen gleich: die neuen Freiheiten! Anfangs wirken sie verunsichernd
auf uns, diese Freiheiten, und so
braucht es einige Wochen, bis wir
verstehen: Mädchen sind nicht mehr
zwangsläufig blöd, man darf jetzt auch
mit Kuli schreiben und sowieso ist
irgendwann jedem egal, wie, mit was
und wo du schreibst, klebst oder
unterstreichst. In den ersten Wochen
genießen wir noch den Welpenschutz
durch unsere Tutoren, den wenigen
freundlichen Vertretern unter „den
Großen", spielen noch das eine oder
andere Mal „Mädchen fangen Buben"
und schmökern im Pausenhof in der
„Wendy" oder dem „Tierfreund". Diese
Hefte landen allerdings schon bald in
der Tonne und wir kürzen die neuen
Schulfächer ganz lässig mit Bio, Geo,
Sozi und Franz ab.

Fertig machen für die Party.

Der finale Schiebertanz

Wir sind nun mitten in der Pubertät. Das Rahmenprogramm dieser viel zu langen Balzzeit gestalten besagte Tutoren, indem sie Unterstufenfeste auf die Beine stellen. Diese dauern noch bis fünf Uhr nachmittags und Verkleiden ist erwünscht, wir gehen aber trotzdem hin. Immerhin haben sich auch die süße Sandra bzw. der lustige Jan angekündigt. Vielleicht gelingt ja die Kontaktaufnahme mittels Chiffrebörse und zur Krönung wartet der finale Schiebertanz … Am Ende treiben wir in einer Art ungelenker Körperexzentrik wie Kerzen im Wind von einem Bein aufs andere und halten uns dabei beim Gegenüber fest. Im Hintergrund läuft „I believe I can fly" von R. Kelly oder „My heart will go on" von Celine Dion, Küssen ist noch nicht drin und so lösen wir uns betreten voneinander mit einem „es war schön". Denn eine bestimmte Reihenfolge muss eingehalten werden. Zum Küssen muss man erst einmal „miteinander gehen". Und um das „miteinander Gehen" muss einer bitten. Auch in dieser Frage zeigt sich der Jahrgang 1988 nicht besonders kreativ, sondern verlässt sich auf die drei formschönen Quadrate, das Ja, das Nein und das Vielleicht und bleibt dem „Willst du mit mir gehen?" treu. Verliebt sein, Zettel schreiben, miteinander gehen, küssen – das ist auch gegen Ende des Jahrtausends die Reihenfolge auf der frühpubertären Erfolgsleiter und manch einer von uns erklimmt sie erfolgreich, andere nicht, wiederum andere fallen runter und heulen sich erst einmal beim besten Freund oder der besten Freundin aus – oder schreiben an Dr. Sommer.

Ersatzaufklärung aus der BRAVO oder YAM

Unter der Schulbank brüten wir am liebsten über der BRAVO oder auch der neuen YAM. Die Tierquälerreportagen, Interviews mit unseren Idolen und der Starschnitt sind zwar auch nicht schlecht, doch von wahrem Interesse sind einzig und allein die Dr.-Sommer-Seiten. In den Rubriken „Fragen an Dr. Sommer", „mein body" und „mein erstes Mal" gibt es viel zu sehen und zu erfahren und die verhakten Zahnspangen von Anna,13, und Daniel,12, sind das eine oder andere Schmunzeln oder eine Schamesröte wert. Dank der abonnierten Ersatzaufklärung setzen wir uns dann nachmittags an unsere Nudeln mit Soße und rollen nur noch genervt die Augen, wenn „Mum" und „Dad" versuchen, uns etwas von Petting und Kondomen zu erzählen.

Der neue Beckham-Look.

Windschnittige, zockende Igel

Warum läuft der halbe Jahrgang 1988, nämlich die männliche Hälfte, wie Streifenhörnchen durch die Gegend? Eine Antwort darauf wissen nicht nur Dr. Sommer und sein „Tanz der Hormone", sondern sicherlich auch David Beckham. 2001 lässt sich der englische Fußballnationalspieler das erste Mal mit Streifenfrisur blicken. Der „Beckham-Look" definiert sich durch eine sehr viel kürzere Seitenpartie gegenüber dem langen Mittelstreifen und ein gekonntes „Finish" aus dem klebrigen Gel-Topf. Zur Fußballweltmeisterschaft 2002 in Japan und Korea erreicht der windschnittige Igel seinen Zenit. Zur gleichen Zeit wird auf dem Pausenhof eifrig gezockt! Es sind Paninis Fußballsticker, die die junge Jugend um ihre Euros bringen. Der Handel um die Starbildchen floriert im Sommer 2002, möchte ein jeder doch sein WM-Stickeralbum komplettieren. In Sachen Wert und Unwert eines mäßigen Abwehrspielers gegenüber eines Glitzer-Beckhams herrscht inoffizieller Konsens. Beim „Zocken" wechseln die Aufkleber ihren Besitzer. „Zocken" ist ein geschicktes Klatschspiel, das auf dem physikalischen Gesetz des Handflächenunterdrucks basiert – nur wer die Sticker dadurch umzudrehen weiß, wird ihr Besitzer!

Fünf Tage große Pause

In uns tanzen die Hormone und da ist es verständlich, dass uns Schule keinen Spaß mehr macht. Wir möchten nichts von Mendel'schen Kreuzungsregeln und volkswirtschaftlichem Binnenverkehr wissen, sondern lieber Liebe geben und zurückbekommen. Es gibt allerdings fünf Tage im Jahr, da sind wir für die

Schulpflicht dankbar: die Tage im Schullandheim. Während wir uns dort zu Grundschulzeiten noch Bauernhofaktivitäten wie Ponystreicheln, Kühemelken und Im-Moor-verstecken hingaben, ist das Schullandheim der Sekundarstufe eher sportlich ausgelegt. Ob Skilager, Segellager, Sommer- oder Winterlager: Klassenfahrten dienen der Gesundheit und auch der Spaß kommt nicht zu kurz. Das fängt schon bei der Hinfahrt an. Im Bus oder Zug laufen wir aufgeregt durch die Gänge, teilen Süßigkeiten, singen und hören

Die Klassenfahrt in die Berge war schon etwas Besonderes.

gemeinsam Musik mit dem Discman oder MP3-Player. Angekommen beziehen wir sofort unsere Mehrbettzimmer. Jungs und Mädchen dürfen natürlich nicht in ein gemeinsames Zimmer, obwohl es sich einige insgeheim wünschen. Bis in die Morgenstunden widersetzen wir uns der Nachtruhe, tuscheln, quatschen und haben einfach nur Spaß. Tagsüber treiben wir Sport. Im Winter fahren die Lehrer mit uns Ski oder Snowboard oder gehen Rodeln. Im Sommer segeln, klettern und fahren wir Kanu. Rafting-Touren im reißenden Fluss sind ein ganz besonderer Spaß. Die Wasserschlacht danach darf natürlich auch nicht fehlen. Manchmal dürfen wir mehr oder weniger selbstständig den nächstgelegenen Ort besuchen, einkaufen und uns rumtreiben. Am Abend werden wir dann von der Jugendherberge versorgt. Jedem von uns wird eine Aufgabe zugeteilt, sei es den Tisch zu decken, für Nachschub zu sorgen oder Geschirr wegzuräumen. Die Lehrer veranstalten nach dem Essen einen gemeinsamen Spieleabend oder geben uns frei. Wir nutzen die Zeit, um uns gegenseitig zu necken und zu flirten und laufen wild in den Gängen umher. Die fünf Tage erscheinen uns viel zu kurz und sorgen dafür, dass sich Lehrer und Schüler auch mal im entspannten Rahmen treffen und die Klassengemeinschaft zusammenschweißen.

Britney Spears zu ihren guten Zeiten.

Musikalisch skandalös

Eine unserer erste CDs in jungen Jugendjahren ist „Klappe die 2te".
Die drei Mädchen der Girlgoup Tic
Tac Toe dürfen all jene Wörter benutzen, die wir vor Mama und
Papa nicht in den Mund nehmen sollten. So tragen ihre Songs Titel wie „Ich find dich scheiße", „Fick dich selber" oder „Leck mich am A, B, Zeh", und nicht weniger vulgär geht es bei ihrer Pressekonferenz vom 21. November 1997 zu. Danach trennt sich die Band. Schon bald favorisieren wir die anfangs weniger skandalöse Britney Spears, die da 1999 fordert: „Hit me baby one more time!".

Jedes 88er-Mädchen möchte so singen, so aussehen und so tanzen wie sie, und der Rest von uns fände einen Tanz mit Brit auch nicht verkehrt. Ihre vierteljährlichen Hits abonnieren die vorderen Plätze der Verkaufs- wie auch der BRAVO-Charts. Wir wollen alles über unsere süße Brit wissen. Zum Glück halten uns die Reportagen zu Britneys Liebes- und Prominenzleben aus der BRAVO auf dem Laufenden. Man will ja informiert sein und so wird ihre erste schauspielerische Leistung, das coming-of-age-Drama „Not a girl" auch nicht verpasst. Doch sobald wir es sind, die aus den Jahren wachsen und Britney langsam den Rücken zukehren, geht es bergab mit dem ehemaligen Idol. Unsere ganze Jugendzeit wird sie uns begleiten, später weniger musikalisch, dafür jedoch mit Heirats- und Drogenskandalen.

TV-Voyeurismus

Am 28. Februar 2000 startet die erste Staffel der Reality-TV-Soap Big Brother, bei der sich zehn Kandidaten freiwillig in ein Haus sperren lassen, wo sie jederzeit von Mikrofonen und Kameras begleitet werden. Jede Woche findet nur einer von ihnen den Weg in die Freiheit, wenn ihn die Zuschauer und seine Leidensgenossen nominieren und rauswählen. Wer nach einhundert Tagen als Letzter übrig bleibt, gewinnt eine Million Mark. Die Versuchsobjekte dieser medialen Petrischale können sitzen, liegen, essen, lästern oder streiten und versüßen sich die Zeit durch das Lösen von Aufgaben, die ihnen die Big-Brother-Redaktion stellt. Alex, John und Sabrina basteln und fahren Rad für Luxusgüter und Edelspeisen. Wenn sie Liebe machen, schaut ganz Deutschland zu, wie sich im grünen Dunkel einer Nachtsichtkamera eine Decke auf- und abbewegt und am nächsten Tag diskutieren Deutschlands Stammtische und Wassergymnastikkurse und auch wir 88er in den Klassenzimmern die Ereignisse des Vorabends. Wer es nicht ganze einhundert Tage im Fernsehknast aushält, nutzt das öffentliche Interesse, um ein eigenes Lied zu veröffentlichen, wie zum Beispiel Zlatko und Jürgen, die mit ihren Songs die Single-Charts erobern.

Der nächste Fernseh-Trend sind Gesangs-Castings wie „Popstars" oder „Deutschland sucht den Superstar". Die Sendungen dokumentieren die Auslese von Casting-Bewerbern durch eine Jury. Am Ende kommt ein verkaufsfertiges Gesangstalent mitsamt Plattenvertrag heraus. Wir selbst träumen davon und bedauern, zu jung zu sein, um an einem solchen Casting teilzunehmen. Aus den ersten Staffeln von „Popstars" und „Deutschland sucht den Superstar" gehen die Mädchen von „No Angels" und der Sangesknabe Alexander Klaws hervor. Natürlich erobern sie unsere Herzen im Sturm. Die Stars aus dem Fernsehen verkaufen Tausende CDs und füllen die Stadien der Republik. Doch irgendwann verschwinden Alexander und die Engel von der Bildfläche. Im Jahresrhythmus werden ihre Nachfolger produziert. Daran stört sich die Generation '88 jedoch wenig. Schließlich leben wir für den Moment!

Am liebsten sehen wir das Medienspektakel kommentiert von unserem Sprachrohr Stefan Raab, der seit 1999 in seiner Sendung „TV Total" lustige Versprecher aus dem Fernsehen zeigt und zahlreiche Persönlichkeiten durch den Kakao zieht. Am Tag nach seiner Sendung rollen wir uns in Erinnerung an „Jetzt kann ich nicht mehr reden!" auf dem Boden des Schulhofes. Raabs Gassenhauer „Maschendrahtzaun" und „Hol' mir mal 'ne Flasche Bier" im Duett mit Regina Ziegler und Bundeskanzler Gerhard Schröder werden munter mitgegrölt, und Sprüche wie „Du hohle Birne!", „Ihr Schweine, ihr!", „Nee, hab' ich nicht!" und „Raus! Raus muss er!" bleiben uns lange in Erinnerung, seien sie für Außenstehende auch noch so banal.

Die Serie „Big Brother" sorgte für Furore.

Der Harry-Potter-Wahn ist ausgebrochen.

Bibis Erben

Wenn wir dann doch mal ein Buch in die Hand nehmen, ist es meistens „Harry Potter". Die erste Erzählung um den jungen Magier erscheint 1997 und die Mundpropaganda verhilft der Buchreihe zu ungeahnter Beliebtheit. Innerhalb weniger Jahre hat jeder von uns mindestens einen Band der Reihe gelesen, oder er wird „Außenseiter" geschimpft, weil er sich dem Trend verweigert. Jeder Band spielt im Zeitraum eines Jahres, meistens auf dem Campus des Zaubererinternats Hogwards. Dort erfährt Harry Bildung in Kräuterkunde, schwarzer Magie und dem Besenfliegen, worum wir den Fantasyhelden besonders beneiden. Denn während wir Mathe, Englisch und Geographie büffeln, erleben Harry und seine Freunde Ron und Hermine dramatische Abenteuer im Kampf gegen Voldemord, den Mörder von Harrys Eltern. Manch einer oder eine von uns verliebt sich in die clevere Hermine bzw. in den mutigen Harry oder den trotteligen Ron. Antipathie jedoch hegen wir gegen den arroganten Malfoy und den fiesen Lehrer Snape. So ziehen wir manche Parallelen zu unserem eigenen Leben: der Schuljahreszyklus, das Schulleben mitsamt Freunden und Kontrahenten, wohlgesinnten wie auch verhassten Lehrern und nicht zu vergessen die erste Liebe. Mit dem gleichaltrigen Harry und seinem Umfeld können wir uns identifizieren. Zieht die englische Autorin die Grenze zwischen Zauberer- und Muggelwelt (Menschenwelt), ziehen wir die Grenze zwischen unserer Welt und der Welt der fantasielosen Erwachsenen. Mit Autorin Joanne K. Rowling finden wir den Spaß am Lesen und machen sie zum Dank reicher als die Queen. Denn das Drumherum um die Literatur muss natürlich auch konsumiert werden: von Spielzeugfiguren über Süßigkeiten, bis hin zu Videospielen und den Harry-Potter-Filmen – es herrscht eine wahre Harry-Potter-Manie! Stets analog zum laufenden Kinoprogramm zählen zu unseren weiteren Lieblingsbüchern die Kriminalromane um den genialen „Artemis Fowl" aus der Feder von Eoin Colfer, „Der Herr der Ringe" von J.R.R. Tolkien und Dan Browns Verschwörungstheorien aus dem „Sakrileg".

---->>>--@ 2 u

1999 erscheint das 3210 von Nokia. Dieses Mobiltelefon ist der Renner unter uns Jugendlichen. Der Handywahn ist ausgebrochen und weil ein Handy ohnehin Pflicht ist, warum dann nicht gleich das begehrte 3210? Nachdem sich unsere Eltern zur Finanzierung eines Handys durchgerungen haben, stellt sich ihnen nur noch eine Frage: Prepaid-Karte oder Vertrag? Die Telefon- und SMS-Tarife beim Prepaid-Handy sind weitaus teurer als beim Vertragshandy. Bei Vertragsbindung hingegen erhält man das Handy meist kostenlos. Die meisten Eltern entscheiden sich für ein Prepaid-Handy, laufen wir Jugendliche bei einem Vertrag doch Gefahr, in die Schuldenfalle zu tappen. Nun also müssen wir unser Guthabenkonto stets neu aufladen. So geht der Großteil unseres Taschengeldes für Telefonkosten drauf. Besonders beliebt sind die Textnachrichten, SMS genannt. Die Liebeserklärungen, Daseinserinnerungen und schlüpfrigen Witze umfassen maximal 180 Zeichen. Um SMS und damit Geld zu sparen, führen wir sogenannte SMS-Kürzel ein. lol, cu, mb, lg, hdgdl und rofl sind die Vokabeln unserer Geheimsprache. Jeder 88er weiß, was man darunter versteht. Das beliebte 3210 ist flach, wir schätzen seine sexy Kurven und die elegante Form. Außerdem kann man darauf „Snake" spielen. Dieses simple Spiel um eine Schlange zieht uns schnell in seinen Bann. Man spielt es mit nur vier, wer kann, gar nur mit zwei Tasten. Der Jahrgang '88 wird „Snake"-süchtig. Jeder will einen neuen

Rekord aufstellen. Zudem ist das 3210 das erste Handy, bei dem man die Plastikschale des Geräts wechseln kann. Stilbewusst wie wir sind, besitzen wir natürlich jeweils eine oder zwei Wechselschalen. Wer will schon jeden Tag mit dem gleichen Handy rumlaufen? Mit einem Handy, das gut aussieht und viele Zusatzfunktionen bietet, kommt man an! „Snake" ist erst der Anfang. Bald kann man mit Handys fotografieren, Fernsehen gucken, im Internet surfen und Musik hören. Wir Teenager müssen mit dieser stetigen Weiterentwicklung Schritt halten und kaufen deshalb regelmäßig das angesagteste Handy der Saison. Was dann noch von unserem Taschengeld übrig bleibt, kriegen die verrückten Frösche aus dem Fernsehen. Schnell entsteht ein Markt um kostenpflichtige Handydienste. Die Klingeltonwerbung aus dem Fernsehen wird legendär! Daniel hat den „Anton aus Tirol" noch „in Poly", Florian schon „in Real". Wenn man bei Christian anruft, tönt Babygeschrei aus dem Lautsprecher und Katharina erinnern obszöne Furzgeräusche daran, dass sie heute Abend die Pille nicht vergessen soll. Alex bestellt sich die neusten Bikini-Bildchen aus dem Fernsehen und der lustige Jan und die süße Sandra finden im SMS-Chat zueinander. Unglücklicherweise wissen Alex, Jan und Kathi nicht, dass sie mit der Bestellung von Klingeltönen und Bildern einen Vertrag abschließen. So nützt es auch nichts, dass unsere Eltern einst in weiser Voraussicht zum Prepaid-Handy gegriffen haben. Die Klingeltonwerbung gerät nicht nur deshalb in Verruf. So schnell wir den furzenden Fröschen verfallen sind, so schnell gehen uns die nervigen Töne auch schon auf den Geist. Und so manch einer bedauert, sein 3210 durch die neuere Version ausgetauscht zu haben. Denn nur dort gab es noch den guten, alten Klingelton – in Mono!

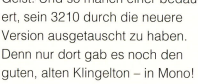

Noch recht klobig, die ersten Handys.

Der Weltuntergang naht ...

„Soll es das schon gewesen sein? Schon nach elf Jahren? So kurz also?" fragen wir uns angesichts der vielen Weltuntergangs-Prophezeiungen, die zur Jahreswende 1999/2000 kursieren. Das Millennium steht bevor und abgesehen von einer Jahrtausendwende impliziert das Wort Großes. Doch was? An den Weltuntergang wollen wir nicht so recht glauben, dafür sind wir zu alt. Vielleicht ist es Zuversicht, Hoffnung. Wir freuen uns, einmal bis in die Morgenstunden wach bleiben zu dürfen und feiern das neue Jahr mit Familie und Freunden. Daheim beschäftigen wir uns mit Bleigießen, Knallbonbonziehen und Fondueessen, bevor es pünktlich zum Jahreswechsel ins Freie geht. Dort zünden wir Raketen, Wunderkerzen und Chinaböller, bis es hell wird. Die morgendliche Straßenszenerie mutet vielleicht postapokalyptisch an, vom Weltuntergang jedoch keine Spur. Die einzige Veränderung vollzieht sich womöglich mit uns. Schließlich stecken wir mitten in der Pubertät und rasen serpentinenartig ins Erwachsenenalter. Ob diese Achterbahnfahrt mit einem Frontalunfall oder einer sanften Landung endet, werden die letzten Jugendjahre zeigen – im neuen Jahrtausend!

11. bis 14. Lebensjahr

So dumm sind wir doch gar nicht!

Der PISA-Schock

Im Jahr 2000 lassen die Staaten der OECD, der Organisation für wirtschaftliche Zusammenarbeit und Entwicklung, erstmals die PISA-Studie durchführen. Die PISA-Studie ist eine von den Regierungen der OECD-Staaten beauftragte Untersuchung zu den Schulleistungen der jeweiligen Länder. In jedem Land werden etwa 5000 Schüler im Alter von fünfzehn Jahren in den Bereichen Lesefähigkeit, Mathematik und Naturwissenschaften getestet. Neben dem internationalen Ländervergleich gibt die Studie auch Aufschluss über etwaige Zusammenhänge zwischen der sozialen Herkunft und dem Ergebnis. Das 2001 veröffentlichte Ergebnis erschüttert Deutschland. Unser Land befindet sich im internationalen Vergleich im unteren Drittel der Rangliste und in keinem anderen Land entscheidet die soziale Herkunft so stark über die Bildung eines Kindes wie bei uns. Viele befürchten, unsere Schulabgänger hielten dem internationalen Wettbewerb nicht stand. Andere sind über die Ungerechtigkeit in unserem Land bestürzt. Das Medienecho zu diesen Ergebnissen ist enorm. Innerhalb der nächsten Jahre wird Bildung ein Kernthema im gesellschaftlichen Diskurs. Die Länderregierungen antworten mit der zügigen Einführung des achtstufigen Gymnasiums innerhalb der nächsten Jahre. Die Abschaffung der Hauptschule erfolgt nur in Teilen Deutschlands. Auch wir 88er kriegen die Folgen des PISA-Schocks zu spüren. Unsere Lehrer üben mehr und mehr Druck auf uns aus. Wenn wir uns nicht anstrengen, werden wir im internationalen Wettbewerb auf der Strecke bleiben. Darüber können wir nur lachen. Wir nehmen das Leben leicht und lassen die Zukunft einfach auf uns zukommen. Der Rest ist uns egal.

Der Terror erreicht Amerika

Am Morgen des 11. September 2001 stürzen die Zwillingstürme des World Trade Centers in New York ein und die Wörter „elfter September" werden ein feststehender Begriff. Der Begriff steht für Terror und eine neue Weltordnung.

Mit den Türmen in New York stürzt auch etwas in uns ein: die Vorstellung, die Welt da draußen sei heil und wir in Sicherheit. Urheber des Anschlags ist das Terrornetzwerk Al-Qaida um Osama bin Laden. Am Morgen des elften September entführen Anhänger der islamistischen Terrorgruppe insgesamt vier Flugzeuge. Zwei davon steuern die Terroristen in die New Yorker Zwillingstürme, eines in das Pentagon von Washington D.C., das US-Verteidigungsministerium. Das vierte Flugzeug ist vermutlich für das Weiße Haus bestimmt, schlägt jedoch infolge von Kämpfen zwischen Besatzung, Fluggästen und Entführern in Pennsylvania ein. Am Nachmittag sitzen wir mit der ganzen Familie vor dem Fernseher. Jeder Sender berichtet von den Anschlägen. Anfangs wirken die Bilder aus dem Fernsehen unwirklich auf uns. Wir können nicht glauben, dass das alles in diesem Moment geschehen soll. Erst in Gesprächen mit unseren Eltern und im Klassenzimmer wird uns die Bedeutung der Ereignisse bewusst. Am nächsten Schultag herrscht für eine Minute lang Schweigen in Trauer um die Opfer und aus Beileid für die Angehörigen. Danach diskutieren die Lehrer mit uns die Geschehnisse, wobei uns Dreizehnjährigen in Erinnerung an die Bildgewalt des Vortages die Worte fehlen.

„Operation Friedenssicherung"

US-Präsident George W. Bush ruft in der Folge zum Krieg gegen den Terror auf. Das Taliban-Regime in Afghanistan wird verdächtigt, Osama bin Laden und seiner Bande Unterschlupf und Deckung zu bieten. Am 7. Oktober 2001 marschieren US-Truppen in Afghanistan ein. Nach knapp drei Monaten erklärt man die „operation enduring freedom" („Operation Friedenssicherung") für beendet. Wir werden schon erwachsen sein, da sind noch deutsche Truppen zur Erhaltung der Sicherheit und zum Wiederaufbau im Norden Afghanistans stationiert. Unter Friedenssicherung hatten sich viele wohl etwas anderes vorgestellt. Der amerikani-

sche Dokumentarfilmer Michael Moore bedient den anschwellenden Unmut gegenüber Bushs Außenpolitik mit dem Propagandafilm „Fahrenheit 9/11". Der Film deckt die Machenschaften hinter dem elften September und dem Afghanistankrieg auf und wird ein großer Erfolg.

Bush-Kritiker klagen jedoch auch dessen Innenpolitik an. So nutze „Mr. President" die Angst vor dem Terror gezielt aus, um seine Landsleute zahlreicher Freiheitsrechte zu berauben. Viele Länder, auch Deutschland, ziehen nach: Die Regierungen der westlichen Welt bauen den Datenschutz unter dem Deckmantel der Terrorbekämpfung immer weiter ab.

Vom **Jugendlichen** zum **Erwachsenen**

Wiederholungstäter

Schule ist uns egal. Liegt es wirklich an unserer „Null Bock"-Einstellung oder ist es vielleicht die langweilige Wiederkehr der immer gleichen Themen im Unterricht? Für uns erweisen sich nämlich nicht nur der Generationenkonflikt und das Dritte Reich als eindeutige Wiederholungstäter unserer Schulkarriere. Wir würden am liebsten nichts mehr darüber hören und gleich in den Arbeitsmarkt einsteigen. Es ist ungerecht! Wir befinden uns in einem Alter, in dem man nicht mehr für einen Jugendlichen gehalten werden will, jedoch als Erwachsener noch nicht anerkannt wird. Glücklicherweise können viele von uns im Rahmen eines Schulpraktikums einen Blick in die Arbeitswelt werfen. Die Auszeit vom lästigen Schulalltag kommt uns sehr gelegen. Auch wenn uns bei unserem Praktikum meistens nur einfache Handlangertätigkeiten zugewiesen werden,

Chronik

1. Januar 2002
Der EURO wird als gesetzliches Zahlungsmittel in den Bargeld-Umlauf gebracht.

26. April 2002
Beim Amoklauf am Erfurter Gutenberg-
Gymnasium tötet Robert Steinhäuser 16
Menschen und sich selbst.

26. Oktober 2002
Russische Spezialeinheiten beenden die
Geiselnahme vom Moskauer Dubrowka-
Theater blutig. 800 Geiseln sterben.

15. Februar 2003
Weltweit neun Millionen Menschen
demonstrieren gegen den Irakkrieg.

Wir nehmen das Leben nicht so ernst.

August 2003
Eine Hitzewelle plagt Deutschland. Die
Rekordtemperatur beträgt 40,3° C.

1. Mai 2004
Die EU wird um zehn neue Mitglieder erwei-
tert (Osterweiterung).

1. Mai 2004
Russische Einheiten stürmen eine von
Tschetschenen besetzte Schule in Beslan.
340 Menschen sterben.

26. Dezember 2004
Ein Seebeben im Indischen Ozean löst eine
Flutwelle aus, die im asiatischen Raum
Hunderttausende Opfer fordert.

19. April 2005
Kardinal Joseph Ratzinger wird als Papst
Benedikt XIV. der erste deutsche Papst.

23. bis 30. August 2005
Hurrikan Kathrina verwüstet den Süden der
USA.

18. September 2005
Angela Merkel (CDU) wird die erste
deutsche Bundeskanzlerin.

9. Juni bis 9. Juli 2006
Die Fußballweltmeisterschaft findet in
Deutschland statt. Weltmeister wird Italien.

30. Dezember 2006
Saddam Husseins Todesurteil wird
vollstreckt.

die uns unterfordern, wünschen wir uns
doch, nie wieder in die Schule zurück-
kehren zu müssen. Ob in einer Berufs-
sparte unserer Wahl oder zwangsweise
im sozialen Bereich: Das Praktikum
macht uns Spaß. Gleichwohl sehen wir
ein, dass wir die Schulzeit noch zu
einem krönenden Abschluss bringen
sollten. Also drücken wir für die restli-
che Zeit weiterhin brav die Schulbank
und treffen in Sachen Unterrichtsanwe-
senheit und -abwesenheit unsere
persönliche Wahl. Papas Unterschrift
beherrschen wir nämlich genauso aus
dem Stegreif wie das demografische
Dilemma oder Hitlers Machtergreifung!

Aller äußerlichen Gelassenheit zum
Trotz wünschen sich die meisten von
uns insgeheim einen guten Abschluss.
So hängen viele Hauptschulabgänger
unter uns noch einen mittleren Schulabschluss dran oder versuchen, auf der

Berufsschule einen weiteren Abschluss zu erzielen. Zahlreiche Realschulabsolventen verschlägt es auf eine Fachoberschule, wo sie die fachgebundene Hochschulreife erwerben können. Die Abiturienten haben die Qual der Wahl zwischen Ausbildung, Fachhochschule, Universität oder einem dualen Studium, einer Mischform aus Ausbildung und Studium. Diejenigen, die weiterhin die Schulbank drücken, suchen sich zur Ablenkung gerne einen Nebenjob. Anfangs tragen wir noch Zeitungen aus oder betreuen Babys und Kinder. Später suchen wir uns angesehenere Nebenjobs aus, etwa als Verkäufer in einem Modefachgeschäft, als Kassiererin im Supermarkt, Kistenschlepper in einer Lagerhalle oder Kellnerin im Eiscafé: Wir sind jung und brauchen das Geld! Wozu? Für Kleidung, Handys und andere Statussymbole.

Von der D-Mark zum Teuro

Am ersten Januar 2002 wird der Euro als Barzahlungsmittel eingeführt. Er ersetzt die nationalen Währungen der Länder Belgien, Deutschland, Finnland, Frankreich, Griechenland, Irland, Italien, Luxemburg, Malta, Monaco, Niederlande, Österreich, Portugal, San Marino, Slowenien, Spanien, Vatikanstaat und Zypern. Endlich müssen wir bei Urlaubsreisen kein Geld mehr umtauschen, sofern wir in oben genannte Länder reisen. Wir gewöhnen uns schnell an die neuen Münzen und Scheine, der leichte Wechselkurs von einer Mark zu fünfzig Cent hilft uns dabei. Das ganze Jahr 2002 hindurch kann man noch mit Deutscher Mark zahlen. Wir werden unsere letzten DM-Scheine los und schnüffeln unter dem Sofa gewissenhaft nach „Schlafmünzen". Das sind die versteckten Münzen, die überall im Haus oder der Wohnung liegen oder in längst vergessenen Dosen, Sparschweinen und Geldvasen auf ihren Tag warten. Das Jahr der Währungsum-

stellung ist noch etwas verwirrend und wir sind froh, wenn ab 2003 nicht mehr jedes Geschäft sowohl in D-Mark wie auch in Euro seine Ware auszeichnen muss. Ohne dass wir es bemerken, herrscht in Deutschland Inflation. Zudem sehen die Händler in der Währungsumstellung ihre Chance, die Preise zu erhöhen. So erfahren wir am eigenen Geldbeutel, wie man mit dem gleichen Geld immer weniger kaufen kann. Wir Jugendliche wünschen uns die miefige alte Mark jedoch nicht mehr zurück und verteidigen den schicken, glänzenden Euro. Das Wort des Jahres 2002: Teuro.

Der Amoklauf in Erfurt

Am 26. April 2002 erschießt Robert Steinhäuser 16 Menschen. Danach tötet er sich selbst. Mit Fassungslosigkeit erfahren wir in den Abendnachrichten von dem schrecklichen Attentat am Erfurter Gutenberg-Gymnasium. Die Opfer sind Schüler, Angestellte und Lehrer der ehemaligen Schule des Attentäters sowie ein Polizist. Zu Hintergrund und Motiven des Amoklaufs wird schnell bekannt: Robert Steinhäuser wurde ein halbes Jahr zuvor von der Schule verwiesen, hielt nur spärlich Kontakte zu Gleichaltrigen und hatte ein schlechtes Verhältnis zu seinen Eltern und dem näheren Umfeld. Zudem spielte der Außenseiter Gewalt darstellende Computerspiele und schaute ähnliche Filme. Sein Hobby waren Waffen.

Infolge der ersten Berichterstattung diskutieren nicht nur Sabine Christiansen und Sandra Maischberger über Waffengesetze und Computerspiele, sondern auch wir in den Klassenzimmern. Der Amoklauf veranlasst das Thüringer Kultusministerium zu einer längst überfälligen Änderung des Schulgesetzes. Fortan soll für den Eintritt in die gymnasiale Oberstufe der mittlere Schulabschluss vorausgesetzt werden. Robert Steinhäuser war ohne jeglichen Schulabschluss von der Schule verwiesen worden. Das Gutenberg-Gymnasium nimmt erst 2005 seinen Betrieb am Schauplatz der Tat wieder auf.

Susis Hits aus dem Netz

Während die Gesetzgeber die Konsequenz aus dem Amoklauf von Erfurt in Form verschärfter Waffen- und Jugendschutzgesetze ziehen, wird uns klar: Gib Acht auf deine Mitmenschen, Freunde und Klassenkameraden – hör ihnen zu und nimm sie ernst. Die Politiker hingegen nehmen die Computerspiele als direkte Urheber ins Kreuzfeuer, andere jedoch verweisen auch auf die psychosozialen Determinanten der Tat. So rückt die Kontroverse um Computerspiele – unser Hobby – in den Fokus der Medien. Schon seit Telmi und Tamagotchi fasziniert uns die Welt der Technik. Ohne Scheu und mit jugendlicher Neugier erforschen wir die neuen Technologien, kennen Rechner und Konsole bald schon besser als die Erwachsenen. Unter Freunden tauscht man sich nachmittags im Chat oder Forum aus und abends trifft man sich online bei Counterstrike. Uns fasziniert die Vorstellung, andere Jugendliche, ob bekannt oder unbekannt, zur gleichen Zeit in einem digitalen Raum zu treffen, mit ihnen zu reden und sich mit ihnen im Wettkampf zu messen. Nicht weniger attraktiv ist das Schiller-Referat aus dem Internet, und Tauschbörsen wie Napster kommen

dem beschränkten Budget eines Teenagers gelegen. Seit 1998 versorgt uns Napster mit den Liedern unserer musikalischen Favoriten und unseren Lieblingsfilmen, bis 2001 die Tauschbörse geschlossen wird. Zu diesem Zeitpunkt beträgt das monatliche Tauschvolumen in etwa zwei Milliarden Lieder. Von anderen Internetnutzern aus aller Welt „saugen" wir uns die MP3-Dateien, das nennt man dann „p2p-filesharing" (p2p = person to person).

Popkultur

Mittlerweile muss es nicht mehr nur Pop sein. Im fortgeschrittenen Jugendalter zeigt sich der Jahrgang 1988 vielseitig und schwer definierbar. Wir tragen weite, lockere Hosen, genannt „Baggyjeans" und viel zu große Band-T-Shirts mit Aufschriften von „The Offspring", „Nirvana" und „Linkin Park". Die Hose hängt uns in den Kniekehlen und gibt die Sicht frei auf Boxershorts. Wir fahren am liebsten Skateboard und prahlen in der Fußgängerzone mit unseren Tricks. Tun wir das? Vielleicht. Vielleicht auch nicht. Vielleicht tragen wir kostspielig anmutende Brillanten in den Ohren und die Hose in den Socken. Oder kniehohe Stiefel aus Kunstleder auf hohen Absätzen und „Kookai"-Handtaschen. Wir hören Bushido und messen uns in Rap- und Breakdance-Wettbewerben. Dabei texten wir aus dem Stegreif, was die Seele hergibt und drehen uns artistisch auf den Köpfen. Tun wir das wirklich? Mitunter. Doch genauso suhlen wir uns bei Musikfestivals im Schlamm und schubsen und kneifen uns wie die Affen. Dieses Ritual nennt sich „Pogen". Auf der Bühne spielen unsere Lieblings-Metal- und Punkbands.

Die Musikveranstaltungen im Freien dauern bis in die Nacht. Danach begeben wir uns in schlammüberschwemmte Zelte und trinken Bier aus Dosen. Wir tragen einen giftgrünen Irokesen und Leopardenleggins oder wirbeln mit unserer langen Mähne anderen ins Gesicht. Das sind wir? Möglicherweise. Oder auch nicht. Dann tragen wir eben lange, schwarze Mäntel und schwarze Lederstiefel mit einzelnen dunkelroten und violetten Farbtupfern. Unsere grimmige Miene taucht nur ab und zu hinter den zotteligen Haaren auf. Wir geben uns als Poeten und dichten über Liebeskummer und den Freitod. Oder auch nicht? Dann tragen wir Ralph-Lauren-Hemden, spielen Golf und trinken Kaffee bei „Starbucks". Und tragen orangene Cordhosen, lange Wollschals und Jesuslatschen. Manchmal nur Sportdress, Stirnband und Basketball-schuhe. Ab und zu Dreadlocks, oft Converse-Schuhe, vielleicht auch mal Glatze. Oder auch nicht. Unsere angesagtesten Bands landen nicht mehr vorne in den Charts. Manch einer entdeckt die Bob-Dylan-Sammlung seines Vaters und spürt schon bei den ersten Takten von „Hurricane" die Spannung und Energie von 1976. Andere kleiden sich in Sterne, Punkte und Streifen und hören „Knäckepop" und „Indierock". Dieser beliebte, moderne Rockstil kombi-niert Rock- und Popelemente aus vierzig Jahren. Unsere Lieblingsbands heißen „Mando Diao", „Franz Ferdinand" und „The Hives". Passend dazu favorisieren wir die Musiksendungen von Sarah Kuttner und Markus Kavka und

die Jugendzeitschrift NEON. Das Magazin für junge Erwachsene entspricht genau unseren Bedürfnissen. Die Berichte über Studenten-WGs, versiffte Backstageräume und unabhängige Modeateliers entspringen zwar nicht ganz unserem Lebensumfeld, handeln aber von unseren Träumen. Wir wollen eben schon zu den Erwachsenen gehören und nicht mehr zu den Jugendli-chen. In der NEON fragen wir uns: „In was für einer Welt leben wir eigentlich?", und lernen „20 Fakten, die niemanden interes-sieren, die man aber trotzdem behält"

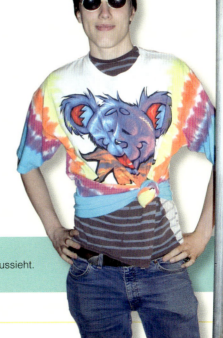

Erlaubt ist alles, was verboten aussieht.

55

auswendig. Auch Sarah Kuttner spricht in ihrer Fernsehsendung über Bands und Tatsachen, die außer sie niemanden interessieren. Das finden wir „toll", denn auch wir wollen mögen, was keinen interessiert, und darin unsere Auflehnung zeigen. Deswegen hören wir Adam Green, der dank Kuttner-Propaganda bald die deutschen Charts erobert. Die Mode dieser Bewegung kombiniert Merkmale der 60er von Bob Dylan mit dem Stil der 90er unter Kate Moss. Mal tragen wir enge Röhrenjeans und Lederjacke, mal Sakko und Krawatte, mal Pünktchenoverall mit Leggins und Ballerinas. Oder auch nicht. Denn wie erwähnt, ist unser Jahrgang vielseitig und kaum eindeutig zu beschreiben. Wir alle folgen Trends. Sie führen jedoch nicht alle in dieselbe Richtung. Unsere Popkultur ist eine Kultur der Unterschiede, der verschiedenen Subkulturen, die sich voneinander abgrenzen, sich vermischen und mal friedlicher, mal weniger friedlich nebeneinander existieren. Es muss nicht immer nur Pop sein. Doch alles ist Pop.

Die neue „Neue Deutsche Welle"

Der Österreicher DJ Ötzi erklimmt mit seinem „Burger Dance" den Gipfel der Charts und Britney Spears steuert geradewegs auf ihre Blitzhochzeit mit anschließender Drogenkarriere zu. Da eilen die „Helden" zur Rettung herbei und treffen mit guter, handgemachter Musik und aussagekräftigen deutschsprachigen Texten den Nerv der Zeit. Ihr erstes Album „Die Reklamation" erscheint im Jahr 2003. In ihren Texten üben sie Kritik, alarmieren und hinterfragen gesellschaftspolitische Phänomene in unserem Land. An anderer Stelle thematisieren sie das Paarungsverhalten der Deutschen. Ob politisch oder nicht: Die „Helden" singen uns aus der Seele. Nach Alexander Klaws und DJ Ötzi klingen ihre Songs gewöhnungsbedürftig und sind etwas ganz Besonderes. Der starke Keyboardeinsatz im Album erinnert an die 80er und nicht nur deshalb spricht man von einer zweiten „Neuen Deutschen Welle" wie zu Nenas Zeiten. Etwa zur gleichen Zeit erlangen die Bands „Silbermond" und „Juli" Berühmtheit. Auch sie schreiben ihre Texte auf Deutsch. Im Sommer 2004 erscheint die Single „Die perfekte Welle" von „Juli" und entwickelt sich zu einem kommerziellen Hit. Die jungen Musiker von „Wir sind Helden", „Juli" und „Silbermond" kommen ungekünstelt daher und ernten bei der Jugend viel Sympathie.

Ihre Sängerinnen verkörpern nicht den sexy Superstar einer süßen Brit, doch das stört uns wenig. Jeder Teenager ist verrückt nach deutschsprachiger Musik. Es werden Stimmen laut, einen Mindestprozentsatz für deutschsprachige Musik im Radio einzuführen. Der Vorschlag setzt sich jedoch nicht durch. Stefan Raab veranstaltet 2005 eine Konkurrenzveranstaltung zum europäischen „Grand Prix", den „Bundesvisions Song Contest". Bei dem Wettbewerb treten Musiker der sechzehn deutschen Bundesländer mit deutschsprachigen Songs gegeneinander an. „Juli" gewinnen den Wettbewerb. Ob man den Trend nun im Sinne der deutschen Sprache gutheißt oder nicht: Musikalisch jedenfalls begrüßen wir 88er die neue „Neue Deutsche Welle"!

Unsere erste Demo

Der elfte September bringt die Weltordnung ins Wanken. Die Staatengemeinschaft erklärt dem Terror den Krieg. US-Präsident Bush definiert eine „Achse des Bösen" und im Zuge der Vorbereitungen zum Irakkrieg eine „Koalition der Willigen". Seit dem zweiten Golfkrieg sind die Beziehungen zum Irak problematisch. Der Irak soll sein Waffenprogramm offenlegen und in Kooperation mit ausländischen Behörden gefährliche Waffen seines Arsenals vernichten. Die undurchsichtige Politik Saddam Husseins zwischen Kooperation und Blockade spannt die Situation an, die Angst vor der islamischen Welt nach dem elften

Demonstration gegen
den Irakkrieg.

September setzt dem zu. George W. Bush bringt in der Vorkriegszeit Saddams Regime mit islamistischen Terrornetzwerken in Verbindung. Zudem behauptet Bush, dass sich immer noch Massenvernichtungswaffen im Irak befänden. UN-Waffeninspektoren sollen diesen Befürchtungen nachgehen, da ist der Krieg bereits geplant. Die UN-Waffeninspektoren finden einerseits keine Massenvernichtungswaffen, beklagen andererseits immer wiederkehrende Schikanen und fordern deshalb mehr Zeit. Die USA scheinen diese Zeit nicht mehr zu haben. Sie kündigen an, auch ohne UN-Mandat militärisch vorzugehen. Bundeskanzler Schröder boykottiert den völkerrechtswidrigen Kriegseinsatz. Das Vorhaben Amerikas löst eine internationale Protestwelle aus. Überall auf der Welt finden Demonstrationen gegen den geplanten Feldzug statt. Bis zu eine Million Menschen versammeln sich an einem Ort.

Die Proteste politisieren unsere Jugend. Auch wir marschieren mit Transparenten auf den Straßen und vertreten die unter den Deutschen verbreitete Meinung, Amerika handle aggressiv und imperialistisch. Wir fangen an, uns vertieft zu informieren, genau hinzusehen und aufmerksam zuzuhören. So lernen wir, dass der Irak das Land mit den zweitgrößten Ölvorkommen der Erde ist. Die USA wollen diese Ölreserven kontrollieren und ihren Einfluss im Nahen Osten durch eine Umpolung des Iraks ausweiten. Der Krieg fordert Zehntausende von Toten, die meisten sind unschuldige Zivilisten, darunter viele Frauen und Kinder. Infolge des Kriegs kann das Regime gestürzt, Saddam Hussein gefunden und einem Sondertribunal ausgeliefert werden. Wegen Verbrechen gegen die Menschlichkeit während des irakisch-iranischen Krieges in den 80ern verurteilt man ihn zum Tode. Doch mit dem Machtwechsel geht noch keine Umpolung des irakischen Volkes einher. Die Haupthandlungen des Krieges enden bereits im Mai 2003, doch seitdem befindet sich das Land im Bürgerkrieg. Die täglichen Berichte von Anschlägen aus dem Nachkriegsirak frustrieren uns. Wir sind enttäuscht, konnten wir doch mit unseren Demonstrationen nichts ausrichten. Aber auch wenn wir den Krieg nicht verhindern konnten, so haben wir doch ein Zeichen gesetzt. Die politischen Geschehnisse sind vielen von uns nicht mehr gleichgültig. Schließlich wird uns der März 2003 immer in Erinnerung bleiben, als die Zeit, in der wir zum ersten Mal demonstrierend auf die Straße gingen.

Tsunami in Asien

Am zweiten Weihnachtsfeiertag 2004 erschüttert um 7.58 Uhr indonesischer Ortszeit ein Seebeben der Stärke 9,1 den Indischen Ozean. Vor der Insel Sumatra liegt die Bruchzone zwischen der indisch-australischen Platte und der eurasischen Platte. Das Seebeben löst mehrere Flutwellen aus, die sich in alle Richtungen ausbreiten. Manche Flutwellen erreichen eine Höhe von sechs Metern. Die Wassermassen überfluten ganze Dörfer, Landstriche und Straßenzüge. Bis weit ins Landesinnere dringen die gewaltigen Fluten vor und nehmen auf ihrem Weg nicht nur Menschen, Bäume und Autos, sondern auch ganze Häuser mit. Die Katastrophe trifft vor allem arme Küstenregionen in Indonesien, Sri Lanka und Indien. Touristische Regionen wie in Thailand sind ebenso betroffen. Doch selbst in Ostafrika, auf der anderen Seite des Ozeans, beklagt man Tote. Das Beben fordert Schätzungen zufolge 230 000 Menschenleben. Über 1,5 Millionen werden obdachlos.

Grenzen überschreiten

Es ist dunkel und eine Gruppe junger Leute sitzt um ein Lagerfeuer in der freien Natur. Einer von ihnen spielt Gitarre, der Rest lauscht träumerisch den Klängen, die sich mit dem Zirpen der Grillen vermischen. Diese Szene aus dem jungen Jahrtausend erinnert an unsere Zeltlager in Kindheitstagen, doch statt der guten alten Flüsterpost machen nun Alkopops und Joints die Runde. In unserer Freizeit hängen wir am liebsten draußen am See, am Strand oder am Fluss ab und machen uns mit Freunden ein paar gemütliche Abendstunden. Alkopops sind das Getränk unserer Teenagergeneration. Die Alkohol-Brausegetränk-Mischungen schmecken nicht zu bitter, sondern eher süß. Und Marihuana mögen viele auch mal ausprobieren. Dennis sponsert heute das Gras und Jana und Nadine haben Musikboxen, es läuft der chillige Sound von Jack Johnson. Julia und Sara möchten heute Nacht ihre Freundin Anna mit Patrick verkuppeln, Phillip und Chris sind schon wieder blau und die süße Sandra und der lustige Jan knutschen wild im abgelegenen hohen Gras herum. So oder so ähnlich verlaufen unsere gemütlichen Abende mit Freunden, bei denen wir die schulischen und häuslichen Probleme vergessen oder gemeinsam diskutieren können. Wir können herumalbern, scherzen und einfach mal entspannen. Wir probieren uns aus, finden zueinander, gehen Risiken ein und überschreiten Grenzen gemeinsam. Da kommt die Wahl des

Schauplatzes mit Nähe zum Wasser nicht von irgendwoher, schließlich verleiht ein kühles Bad im Fluss auch dem größten Opfer der Nacht noch eine oberflächliche Frische für den Morgen zu Hause!

„Wer jetzt blinzelt war nicht da ...

... wo war ich, als das wahr war?", fragen sich 2005 unsere „Helden" in ihrem Song „Wenn es passiert". Damit scheinen sie heraufzubeschwören, was im Sommer 2006 passiert.

Wo war ich, als das wahr war? War ich im Stadion unter tobenden Massen, grölend und eine schwarz-rot-goldene Fahne schwenkend? War ich auf einer „Fanmeile", einem Boulevard, voll mit schwarz-rot-gold geschminkten Anhängern ein und derselben Idee – feiern, jubeln, anfeuern. Oder war ich bei einem anderen „Public Viewing", einem öffentlichen Ort mit Großbildleinwand, unter Tausenden, Zehntausenden oder Hunderttausenden? Lag ich meinen Freunden, meiner Familie oder Unbekannten jubelnd in den Armen? Jeder von uns nimmt aus dem Sommer 2006 seine ganz eigene Geschichte mit. Die Geschichte, als es wahr war.

Deutschland ist Austragungsort der Fußballweltmeisterschaft 2006. Es ist der Sommer, der Land und Leute verändern soll, wenn auch nur vorübergehend. Über den Fußball findet die Nation ihre Identität. Die deutsche Nationalmannschaft erreicht einen guten dritten Platz und macht uns damit stolz. Unsere Elf verliert kein Gruppenspiel der Vorrunde und der Erfolg im Achtelfinale gegen Schweden multipliziert den „schwarz-rotgeilen" Wahnsinn. Das Viertelfinale gegen Argentinien wird zum legendären Spiel, in dem Torwart Jens Lehmann zum Nationalhelden aufsteigt. Beim Elfmeterschießen kann er zwei Schüsse parieren und

Zur WM 2006 bekennen sich die Deutschen zu ihrer Nation.

befördert sein Team nach einer nervenaufreibenden Partie ins Halbfinale. Dort scheidet die Mannschaft gegen den späteren Weltmeister Italien aus. Doch die Niederlage kann die positive Stimmung im Land nicht brechen. So stecken „wir" die Niederlage gut weg und geben uns als faire Verlierer und gute Gastgeber. Im Party-Sommer 2006 beteiligen sich sogar Nicht-Fußballfans am Fest. Die inoffiziellen WM-Hymnen „Was wir alleine nicht schaffen" von Xavier Naidoo und „'54, '74, '90, 2006" stürmen die Charts. In den Wochen nach der Weltmeisterschaft können wir unser Glück noch immer nicht fassen. Unser Lebensgefühl in diesen Tagen ist ein anderes als früher, jedoch auch etwas befremdlich. Nationalgefühl, Euphorie, Zuversicht – soll es damit jetzt schon wieder vorbei sein? Verwirrt laufen wir noch eine Weile durch die fahnengeschmückten Straßen und schütteln erst langsam diese neue Wesensart ab, um uns wieder die „deutsche Schale" überzuziehen. Mit einem Unterschied: Mit dem Gedanken an die Zeit, als es wahr war.

Feierlich verabschieden wir uns von der Schulzeit.

Um die Wahl gebracht

Mit zunehmendem Alter werden wir zu interessierten und informierten Bürgern Deutschlands. Während ihrer zweiten Amtsperiode wächst der Druck auf die rot-grüne Regierung. Gerhard Schröder kann sein Wahlversprechen von 1998 nicht einhalten, die Arbeitslosenzahlen haben sich sogar noch erhöht. Unliebsame Reformen stoßen auf Widerstand in der Bevölkerung, in der man schon seit langem vom Sozialabbau spricht. Im dritten Jahr seiner zweiten Amtsperiode erkennt auch Gerhard Schröder, dass seine Regierung nicht mehr arbeitsfähig ist. Er fordert am 1. Juli 2005 den Bundestag auf, dem Kanzler das Vertrauen zu entziehen und damit vorgezogene Wahlen im selben Jahr zu erzwingen. Wie gefordert verweigert ihm der Bundestag das Vertrauen und die Deutschen wählen am 18. September 2005 einen neuen Bundestag. Danach lesen wir in den Zeitungen: „Eine Frau wird Deutschland regieren!"

Die CDU geht als Siegerin aus der Wahl hervor, insgeheim darf sich jedoch die Linke als Urheberin der neuen Unordnung rühmen. Der Zulauf zur Linken und das Misstrauen gegenüber den Volksparteien führen zur Bildung einer großen Koalition aus CDU und SPD, angeführt von Angela Merkel. Links und Rechts treffen sich in der Mitte und wir 88er wissen bald gar nicht mehr, was wir in Zukunft wählen sollen. Wir hatten uns schon so darauf gefreut, 2006 wählen zu können, doch durch den Rückzug Schröders und die vorgezogenen Neuwahlen müssen wir bis 2009 warten.

Hinaus in die Ferne!

Das Leben ist eine Reise. Doch mit der Volljährigkeit und dem Schulabschluss geht diese erst richtig los!

Die Zeit nach dem Schulabschluss empfinden wir als bisherigen Lebenshöhepunkt. Noch nie fühlten wir uns so frei! Wir haben das Gefühl, jetzt alles tun und lassen zu können, was wir wollen. Niemand soll uns mehr etwas vor-

Mit dem Rucksack reisen wir durch die Welt ...

... und erkunden fremde Bräuche und Kulturen.

schreiben, alles ist möglich, jeder Tag ein Sonntag. Wir schlafen bis in die Mittagsstunden und gehen erst spät zu Bett.

Unser Enthusiasmus treibt uns weit hinaus. So reisen viele von uns erst einmal mit dem Rucksack durch Europa, Interrail macht's möglich. Auf unseren Reisen schlafen wir meist in preiswerten Jugendherbergen, zelten auf Campingplätzen oder campen wild unter dem Sternenhimmel. Die Sonnenanbeter unter uns zieht es in den Süden nach Italien, Spanien, Portugal und Griechenland. Viele interessieren sich für die neuen EU-Mitgliedsstaaten in Osteuropa oder folgen den Spuren ihrer Lieblingsbands in Skandinavien. Manch einer begibt sich gleich auf eine Rundreise durch ganz Europa! Neben den vielen interessanten Ortschaften, die wir erkunden, dem Naturerlebnis und dem Gefühl von Freiheit empfinden wir die Begegnung mit anderen Nationalitäten als große Bereicherung. Doch wir lernen noch mehr! Für viele ist es die erste lange Reise ohne Eltern. Wir müssen für uns selbst und unsere Sicherheit sorgen. Es gibt niemanden, der unsere Wäsche wäscht, uns das Essen kocht und auf unsere Papiere aufpasst. Was wir auf diesen Reisen lernen, scheint die jahrelange Schulbildung bei Weitem zu übertreffen. Mit diesen Erfahrungen fühlen wir uns reif für den nächsten Schritt im Leben.

Doch selbst mit Reiseerfahrung und Volljährigkeit haben wir nicht ausgelernt. Es wird noch genug Hürden geben, die wir überwinden müssen und Steine, über die wir stolpern werden. Fängt das Leben nicht jetzt erst richtig an? Achtzehn Jahre Leben, das mag rückblickend lang oder kurz erscheinen, doch wichtig ist, dass uns das Größte noch bevorsteht. Deswegen gehen wir unseren Weg. Es geht nach vorn! Ab und zu zurückschauen schadet nicht, wenn die Richtung stimmt, in die man läuft!

Von nun an müssen wir uns selbstständig über Wasser halten.

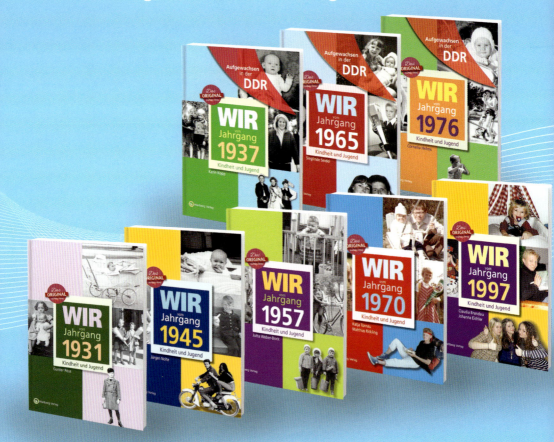